“十二五”国家重点图书出版规划项目
北京市社会科学理论著作出版基金重点资助项目

GZC 高校主题出版
GAOXIAO ZHUTI CHUBAN

/ 总主编 韩 震 /

社会主义核心价值观·关键词

友 善

李 荣 冯 芸 编著

中国人民大学出版社
·北京·

目　录

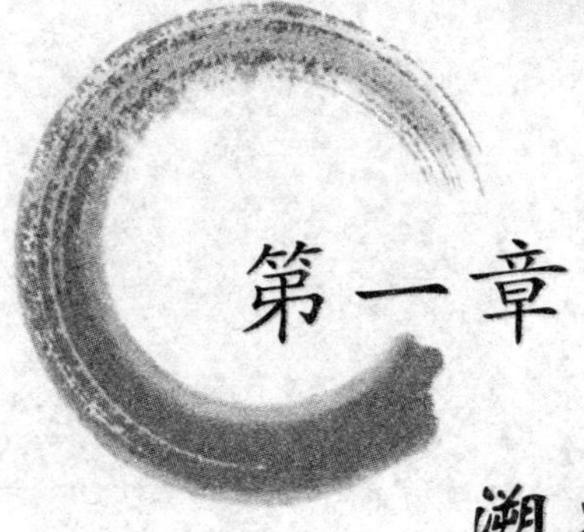

第一章

溯本求源话友善

一、何谓友善

友善是人类大家庭中的成员和谐相处、共同生活和共同发展必不可少的要求。人类社会的存在和延续不仅需要有最基本的物质基础保障，更需要友善作为人与人和谐相处的润滑剂和精神支撑。友善不仅是个人不可或缺的美德，也是一切道德修养的起点。友善作为一种价值观，不管在中国传统文化还是西方文化中，都有着深刻的思想渊源。

从字源上分析，现代汉语中的“友善”在古代汉语中是分别作单字使用的。“友”在甲骨文中是𠬪，从字形上看它是由两个“又”字组成的，就像是朝着同一方向的两只手握在一起。《说文解字》解释说：“同志为友，从二又，相交友也。”《易·兑》之疏有所谓：“同门曰朋，同志曰友。”作动词时，“友”有结交、互相合作、予人帮助或支持的意思。因此，“友”在古汉语中表示两个人以手相助，握手结交，彼此友好，相互帮助。也就是说，“友”在本意上象征着朋友之间的相互援手和相互帮助。“善”在古汉语中是一个会意字，从羊，从言。也就是说，“善”是由“羊”（吉祥的代表）和“言”（讲话）组成，本意是吉祥的话语，寓意互相帮助和互相祝福。因此，《说文解字》解释：“善，吉也。”所以“善”的本意为吉祥。“友”与“善”结合成友善，从字面上说就是像朋友一样善良。

中国传统文化非常强调人与人之间的友善。孟子曾说过：“与人为善，善莫大焉。”在儒家文化中，友善的内涵包括两个相互联系的层面：第一，友善并不是空洞的教条，而是一个人爱心的外化，孔子认为“仁者爱人”，就是说一个人友善的动力源于内心的仁爱，只有一个具有仁爱之心的人，才会对人友善，把这种爱传递给他人与社会。因此，中国儒家文化才会强调个人内在修养的重要性。第二，与人友善的前提是做到“将心比心”，孔子说的“己所不欲，勿施于人”与孟子强调的“老吾老以及人之老，幼吾幼以及人之幼”，都是要求人们将心比心、换位思考，真正理解他人，从而减少人际关系中的误解与分歧，实现人与人之间的理解与友善。我们看到，在中国传统文化中，友善首先是一种个人品德，是一切道德修养的起点；友善还作为一种重要的道德规范来维系人类社会的道德秩序。

名人隽语

天时不如地利，地利不如人和。

——孟子

同样，西方文化也非常重视友善这一价值。在古希腊，任何两个人在共同体中所发生的任何实际的相互交往都被看作友爱的关系，也就是说，友爱是把两个人相互吸引到一起的那种力量。因此，友爱在古希腊被视为维系社会秩序的重要纽带。古希腊自然哲学家恩培多克勒认为，世界万物从日月星辰到人的四肢身骸都是四种元素（水、火、气、土）在“爱”与“恨”两种力量作用下的结果，其中，“爱”是一种结合的力，“恨”则是一种分离的力。亚里士多德进一步把友爱看作维系城邦存在的基本因素，亚里士多德指出，友爱把城邦联系起来，与公正相比，立法者更重视友爱。实际上，古希腊哲学中，友爱就是意味着与朋友共同生活，从事共同的活动。也就是说，共同生活属于友爱自身，它就像友爱的承载体一样。亚里士多德认为，没有什么比寻求共同的生活更是友爱的标志了。显然，在古希腊，友爱的目的就是消除人们彼此之间的仇恨与对立，从而增强共同体的友爱与团结。在此基础上，亚里士多德把友爱分为善的友爱、有用的友爱和快乐的友爱三种，并倡导人们追求“善的爱”，因为他认为只有善的友爱才是稳定、持久、值得人们追求的。

名人隽语

人类最大的幸福就在于每天能谈谈道德方面的事情。无灵魂的生活就失去了人的生活价值。

——苏格拉底

善性是难能可贵的，也是高尚和值得称赞的。

——亚里士多德

总之，无论是中国传统文化还是西方传统文化，都将友善看作人与人相互联系的纽带，友善的最终目的乃是为了实现社会和谐，让人们能够共同生活和共同发展。

二、友善的本质特征

首先，友善虽然强调人际和谐，但这并不意味着无原则的迁就或趋炎附势，而是要做到“君子和而不同”。现代社会人们在爱好、个性、利益、兴趣等方面都有着许许多多的差异，在对待同一问题的理解上也有着各自的见解与分歧。一个真正友善的人在对待具体问题时不应当简单地迎合别人的心理、附和他人的言论，要敢于坚持真理、坚持原则，和善且公正地表达自己的观点，不暗地里搞小动作，做到“君子坦荡荡”。这才是友善的本意。

经典论述

不但要团结和自己意见相同的人，而且要善于团结那些和自己意见不同的人，还要善于团结那些反对过自己并且已被实践证明是犯了错误的人。

——毛泽东

实际上，我们在日常生活中对某一问题持有不同的观点和看法，这本身是非常正常的。我们应该通过交换意见、沟通思想以求得对问题的共识。即便存在分歧也不能因此而伤了和气，可以在保留差异的基础上尽可能达成某种程度的共识。因此，真正的友善并不意味着在所有问题上都与他人保持观点的一致，相反，容忍对方的不同看法，也不隐瞒自己的独立见解而刻意迎合对方，才是真正做到了友善。

延伸阅读

朱熹与陆九渊“论敌”相亲的故事

朱熹和陆九渊都是南宋时期著名的思想家，但二人的学术观点却是针锋相对。朱熹认为“理”是万物生成的本源，而陆九渊则认为“心”是天地万物的本源。为此二人经常唇枪舌剑，据理争论，吵得面红耳赤不可开交，争论了十几年都没有什么结果。后来，朱熹在庐山脚下开办了白鹿洞书院，他不但自己讲学，还热情邀请陆九渊前来为学生讲学。作为“论敌”的陆九渊则欣然前去讲学，使学生深受教育。朱熹对他的讲课非常赞赏，还将陆九渊的治学警句刻在石碑上，立于白鹿洞书院门口。朱熹与陆九渊“论敌”相亲的故事，千百年来被人们传为佳话，也极好诠释了“君子和而不同”的真义。

但是，在现实生活中却有这样一些人，他们不敢公正坦率地表达自己的观点，表面上随声附和，私下却互相拆台，这就是中国古人所说的“和而不同”的“小人”了。这种人凡事不讲原则，甚至为了满足个人私利而曲意迎合上级，阿谀奉承：凡是“领导”的观点，即便是错的也要无原则地加以捍卫；凡是与领导观点相左的观点，不论对错一概加以否定。这种做法表面上是与人为善，实际上却是对他人和社会的不友善，因为这种做法不仅不利于社会和谐。

延伸阅读

“莫众而迷”的典故

晏子是春秋时期著名的政治家、思想家和外交家，有一次晏子访问鲁国，鲁哀公问道：“俗话说：‘没有三个人合计就会迷惑。’现在我和全国民众一起考虑事情，鲁国仍然不免于动乱，为什么呢？”晏子说：“古代所谓‘没有三个人合计就会迷惑’，是说一个人意见错误，两个人意见正确，三个人足以形成正确的多数了，所以说‘没有三个人合计就会迷惑’。现在鲁国的群臣以千、百来计算，人数不可谓不多，但却都是一些迎合国君的人，说的话就像出自一人之口，没有不同意见，哪里算得上三人呢？”

其次，平等待人是友善的前提。友善作为人们之间的一种友好关系，不是一种等级关系，而是一种平等关系，也就是说友善是发生在平等的公民之间的一种关系。现代社会的主要标志就是人与人之间在政治上的地位差别已经不复存在，无论地位高低、财富多寡，每一个人都是社会的平等成员，大家都是公民。友善就是发生在公民之间的一种平等的友好关系，而非不同等级的人之间的逢迎依附关系或支配恩赐关系。若是对富贵之人阿谀奉承、刻意巴结，对贫贱之人冷眼相对、拒绝来往，这实质上是缺乏公民平等意识的表现，更谈不上友善。因此要做到友善，首要的前提就是要平等待人。

名人隽语

一个人如果对待陌生人亲切而有礼貌，那他一定是一位真诚而富有同情心的好人，他的心常和别人的心联系在一起，而不是孤立的。

——培根

必须注意的是，友善作为一种平等的公民关系，不同于传统的以“人情”为根基的血缘关系、邻里关系、朋友关系等。因为后者实质上是发生在“熟人”之间的关系，而公民关系则是一种陌生人之间的关系。与传统的“熟人社会”不同，现代社会实际上是一个陌生人社会。陌生人社会是随着社会分工的高度发展而出现的一种现象，随着社会经济规模不断扩大，人员流动性逐渐增强，人们所面对的不再是传统的熟人圈，而是置身于一个由陌生人组成的社会之中。陌生人社会一方面增进了人际交往的范围和机会，同时也造成了人与人之间的关系逐渐淡薄，冷漠和不信任的现象增加。在日常生活中，我们比较容易做到与家人、朋友、同事和邻里和睦相处。但是要做到对陌生人友善却不那么容易。中国古人倡导的“海内存知己，天涯若比邻”，“四海之内皆兄弟”，并且将“推己及人”作为人际交往的基本原则。所谓“推己及人”，就是把别人看作是自己的同类，承认他人也有和自己一样的思想、要求，从而能够在自己的言行践履当中想到他人，尊重他人，进而“己欲立而立人，己欲达而达人”。这也是平等待人的要求。

延伸阅读

屠格涅夫与乞丐的故事

俄国作家屠格涅夫有一次在街上散步，突然有一位衣衫褴褛的乞丐跪倒在地向他伸出了脏污不堪的手，红肿的双眼里露出的满是希望与乞求：“先生，给我一点食物吧。”屠格涅夫寻遍全身也没有找出可以给他的东西，于是就握住那只脏手，诚恳地说道：“兄弟啊！我真的很抱歉！”不料，那乞丐站起身，紧握作家的手，脸上挂着泪花，却满带笑容地回答说：“谢谢，这已经够了。”

友善之爱是平等的，它就像阳光，不论英俊丑陋，不分贫穷贵贱，总是将温暖播撒在每一个人的身上，给予每个人无私的关爱。

再次，友善在本质上是互动的和互利的。长期以来，人们倾向于将友善理解为“毫不利己、专门利人”，从而把友善理解为单向度的施予行为，而忽略了友善的互动性。在一个充满友善和关爱的社会中，每一个个体既是友善的施予者，又是友善的受益者。实际上，社会在本质上就是要通过社会成员间的互助互爱而实现人与人之间的互利。反过来说，在一个不友善的社会中，每一个人也都是不友善行为的受害者。也就是说，在友善面前人人都是受益者，在不友善面前每一个人都是受害者。每一个人都有困难的时候，在一个友善的社会中“众人拾柴火焰高”，任何个人的困难在大家的共同帮助下都会迎刃而解。

经典论述

大家为一人，一人为大家。

——列宁

名人隽语

个人离开社会不可能得到幸福，正如植物离开土地而被扔到荒漠不可能生存一样。

——列夫·托尔斯泰

个人如果单靠自己，如果置身于集体的关系之外，置身于任何团结民众的伟大思想的范围之外，就会变成怠惰的、保守的、与生活发展相敌对的人。

——高尔基

一个人劳动时，他既是为他自己劳动也是为一切人劳动，而且一切人也都为他而劳动。

——黑格尔

当前我国正处于从传统社会向社会主义市场经济体制转型的关键时期，市场经济的重要特征就是互利性，社会分工的发展必然会使社会成员之间产生特定的依赖性，任何个体都不可能脱离他人和社会而单独存在。同时，由于市场经济是以“利益”为导向的经济形式，在一定程度上会淡化人与人之间传统的友爱关系，造成人与人之间的冷漠与“情感缺乏症”。然而，如果人与人之间缺乏友善，市场经济的秩序也可能受到破坏。因此，市场经济更需要人与人之间的友善和关爱。

相关链接

中国志愿服务联合会

2013年12月5日，中国志愿服务联合会在北京登记成立，它是由志愿者组织、志愿者自愿组成的全国性、联合性、非营利性社会组织，在中央文明委指导下开展工作。中国志愿服务联合会的宗旨是：普及志愿理念，弘扬志愿精神，培育志愿文化，组织开展志愿服务活动，推动形成我为人人、人人为我的社会风尚。中国志愿服务联合会成立后，将从建设和谐社会和人民群众需求出发，设计开展形式多样的志愿服务活动，发挥共产党员、共青团员的示范带头作用，动员公务人员、社会公众人物积极参加志愿服务活动，推动我国志愿服务事业有一个新的更大发展。中国志愿服务联合会发布“邻里守望”倡议：关爱空巢老人、关爱留守儿童、关爱农民工、关爱残疾人。中国志愿服务联合会的成立，有助于促进我国志愿服务事业的发展，推动志愿服务活动制度化，实现学雷锋活动常态化，进一步形成引领社会进步的文明风尚，有助于培育和践行社会主义核心价值观，增进人们对社会主流价值的认同感和践行力，助力实现“两个一百年”奋斗目标、实现中华民族伟大复兴的中国梦。

相关链接

人民日报：大力培育“我为人人、人人为我”的社会风尚

“本禹志愿服务队”、“郭明义爱心团队”……千千万万个志愿服务队伍正在神州大地组建，各种形式的志愿服务活动呈现出勃勃生机。党的十八大以来，各地各部门认真贯彻中央精神，加强志愿服务制度化建设，我国的志愿服务已经进入一个新的发展阶段。

志愿服务，以利他、自愿、无偿为基本要求，形成的是团结互助、平等友爱的人际关系，体现的是公民的社会责任意识，反映的是社会文明进步的水平，是“我为人人、人人为我”良好社会风尚的具体体现，更是加强思想道德建设、培育和践行社会主义核心价值观的重要载体。

志愿服务是培育“我为人人、人人为我”良好社会风尚的重要平台。在这里，可以通过丰富多彩的服务实践，与社会各界群众面对面交流，经过细微具体的帮扶，增强人们的社会责任意识，更可以陶冶情操、提升境界，养成高尚的道德品质，把培育和践行社会主义核心价值观落在实处。

志愿精神是培育“我为人人、人人为我”良好社会风尚的核心要求。以奉献、友爱、互助、进步为主要内容的志愿精神，既包含着中华民族的传统美德，也表现出社会进步的时代要求，必须大力弘扬，将这种精神贯穿在社会生活的各个方面，转化为人们的价值追求和自觉行动。

培育“我为人人、人人为我”的良好社会风尚，要在传承、发扬中华传统美德上下功夫。传统文化中那些激励人们崇德向善的宝贵思想，与我们倡导的志愿精神相融相通，志愿服务正是中华传统美德的现代实践。对中华传统美德，要结合时代要求，加以创造性转化、创新性发展，将深厚的传统文化内涵注入志愿服务中。

培育“我为人人、人人为我”的良好社会风尚，要在营造和培育上下功夫。充分发挥新闻媒体的舆论引导作用，普及志愿服务常识，介绍各地取得的先进经验，传播优秀志愿者的感人事迹；充分发挥文艺作品的感染作用，创作生产出生动感人的文艺作品，使全社会在情感共鸣中获得启迪，受到教益；充分发挥先进典型的示范作用，采取多种形式褒奖优秀志愿者，引导人们见贤思齐，争做志愿精神的践行者。

培育“我为人人、人人为我”的良好社会风尚，要在融入上下功夫。志愿服务对象多是普通人，服务内容多是平常事，只有立足社区、着眼基层，才能将志愿精神融入大众的日常生活。社区、街道和乡村应该是志愿服务的主要天地，党员干部应该成为志愿服务的表率；志愿精神应该是未成年人道德建设和大学生思想教育的主要内容，并应纳入国民教育的全过程，深入每个环节；志愿精神还要融入社会生活的方方面面和各行各业的实际工作，体现在市民公约、乡规民约、行业规范之中，与社会生活紧密相连。

“送人玫瑰，手有余香”，志愿服务事业光荣而崇高，大力弘扬志愿精神，培育“我为人人、人人为我”的良好社会风尚，是我们每一个人的责任。

最后，我们不仅要对人友善，而且还要按照生态文明的要求，友善地对待自然。人类所处的世界是一个由完整的生物链构成的相对平衡的生态系统，任何一种动物、植物和微生物都因为相互提供食物而形成一种相互依存的链条关系。如果人类不能维护这种生态系统，最终受害的只能是人类自身。

延伸阅读

牧民杀狼的恶果

在新疆历史上的很长一段时间，人们把狼当做害兽来消灭。玛纳斯县塔西河乡牧民哈力别克说，20 世纪 80 年代前后，他就参加过县上和乡上组织的打狼队，打死了不少狼。为了鼓励牧民打狼，有关部门还专门制定了奖励政策：捕杀一只成年狼，奖励一只母羊，捕杀一只狼崽，奖励一只羊羔。在持续数十年的杀狼声中，狼在新疆很多地方已难见踪迹。狼处于草原生物链的上端，草原上少了狼的踪影，处在生物链下端的食草动物自然会随之激增。于是，草原上的老鼠多了、野兔多了、黄羊多了……特别是以啃食植物根茎为食的老鼠数量急剧增加，最终使很多草场被毁坏。鼠害成灾，人们只得耗费大量人力、物力和资金，在草场上投放毒饵消灭老鼠，而这个做法的直接后果，是造成了鹰、狐狸、猫头鹰等老鼠天敌因误食毒饵而大批死亡，草原生态平衡进一步陷入紊乱。

遗憾的是，人类社会征服自然、改造自然的力度不断加大，生态环境也遭到严重破坏，化肥农药滥用、臭氧层空洞、全球气候变暖等问题正引起全球的关注，日益恶劣的环境已经威胁到人类的生存和发展。正如一首诗中所写的那样：那灰色的天空是一张欲坠的网，晶莹的露珠是云儿的童话，美丽的羽毛是蓝天的梦想，高耸的天线和层叠的脚手架是城市撑开的大手，婉转的鸣唱已锈去……这一切，让人触目惊心！我们不能做自然的独裁者，只有友善地对待自然，才能保护好家园，才能健康地生活。

三、社会主义核心价值观中的友善

众所周知，社会主义核心价值观是一个三位一体的价值实践体系，其中“富强、民主、文明、和谐”倡导的是国家层面的价值，“自由、平等、公正、法治”倡导的是社会层面的价值，“爱国、敬业、诚信、友善”倡导的是公民在个人层面上应当实践的价值。

在某种意义上说，在这“三个倡导”中，公民个人层面的价值追求居于非常基础的地位。在个人层面的价值追求中，“友善”在某种意义上又具有更为基础的意义。

首先，在公民个人层面的价值追求中，从表面上看，爱国和敬业体现的是公民个体素质的道德准则，诚信和友善则是公民群体交往和人际沟通的道德准则，四者似乎是相互并列的价值追求。但实际上在这四个价值要求中，友善又相对处于更为基础的地位，其他三个价值要求无一不与友善理念相关联。我们很难想象一个在日常生活和交往中对他人都不能友好善良相处的人会是一个热爱祖国的人，因为热爱祖国就要对祖国和人民怀有深厚的感情，这种深厚的感情首先意味着对人民的“友善”；敬业也离不开友善，敬业首先体现在对社会和他人的责任感，而责任感也是“友善”的基本内容之一，因此我们很难指望一个不友善的人会在具体的工作岗位上勤勤恳恳为社会和他人奉献；同样，诚信也必须根源于友善，我们不可能说一个制造出售地沟油、毒奶粉、假鸡蛋的商人是友善的人，因为他的这种做法是在拿人民群众的生命当儿戏，伤害了人民群众的身体健康，也破坏了社会的诚信。

其次，从社会层面的价值来讲，一个“自由、平等、公正、法治”的社会首先必定是一个友善的社会。从自由的层面来说，社会的自由绝不只是一个空洞的口号，它必须包含着人际关系的和谐与友善。设想在一个冷漠、充满对立和冲突的社会中，个人在工作和生活中会处处受到他人的牵制和羁绊，谈何社会的自由？相反，如果人与人之间的关系是友善的，“众人拾柴火焰高”，每一个人都会在这种和谐互助的社会中有一种“如鱼得水”的感觉，这才能真正地实现社会的自由。

同样，社会的平等、公正和法治也必须植根于人际关系的友善，因为平等最基本的要求就是“待人如己”，也就是说平等意味着要尊重和理解他人，而公正和法治则首先意味着远离丑陋与邪恶，弘扬人性的纯真与善良，因此，一个平等、公正和法治的社会必须建立在人际关系的友善之上。

最后，从国家层面的价值来讲，一个“富强、民主、文明、和谐”的国家必须首先基于人际关系的友善。其一，国家的富强是全国人民同心同德、团结一致、共同奋斗的结果，因此我们很难想象一个人与人之间离心离德、不友善的国家会是一个富强的国家。其二，从国家民主的层面来讲，民主得以存在的前提是人与人之间的平等，而平等则意味着人与人之间的友善，同样，民主的目的也不是离散人与人之间的友善关系，而是要实现人与人之间的和谐和团结。因此，民主离不开人际关系的友善。其三，国家的文明与和谐更加离不开人际关系的友善，简言之，人际关系的友善是社会文明与和谐的标志。

名人隽语

道德衰亡，诚亡国灭种之根基。

——章太炎

在世界上一切道德品质之中，善良的本性是最需要的。

——罗素

做一个善良的人，为人类去谋幸福。

——高尔基

一个有德行的人自己意识着他的行为内容的必然性和自在自为的义务性。由于这样，他不但不感到他的自由受到了妨害，甚至可以说，正由于有了这种必然性与义务性的意识，他才首先达到真正的内容充实的自由，有别于从刚愎任性而来的空无内容的和单纯可能性的自由。

——黑格尔

第二章

善以立世天下同

“友善”是《公民道德建设实施纲要》中提出的公民道德的基本规范之一。它为人们提出了作为现代社会的公民在加强自我修养方面应当遵循的一项重要基本规范。具体而言，友善的含义体现在以下几个方面。

一、友善是个人的优秀品质

很多时候，人们主要把友善理解为人与人相处时的一种态度和方式，事实上，友善首先应是个人的一种德性与气质，是对仁爱等中国传统道德规范对人德性要求的继承。

“仁爱”是儒家思想的核心，也是中国传统道德文化中个人品性修养的核心。“仁”的含义十分宽泛，孔子关于“仁”的论述在《论语》中就有 100 多处，但就人格修养而言，“仁”是全德之名，是一切美德的总称。“仁”包括“恭”、“宽”、“信”、“敏”、“惠”等，但其最根本的内容是“爱人”。“樊迟问仁。子曰：‘爱人。’”孟子也说：“仁者爱人。”可以说，在中国传统道德文化中，对个人品性最基本的要求就是爱人，爱人就是仁，“仁爱”是人之为人的根本，仁爱精神是一个人应具备的基本道德修养。在人际交往实践中如何做到爱人呢？首先就是要友善地待人，一个人只有具备友善的德性和气质，才会做到爱人如己、博施仁爱。要想做到博施仁爱、爱人如己，最重要的就是要做到以友善的态度“推己及人”，即通过对自己内在情感的体察，按照“人同此心，心同此理”和“人性本善”的态度，达到对他人内在感情的相应理解，并以此作为调节人与人之间关系的基础。一个拥有友善品性的人就应该设身处地地站在对方的立场上来思考问题，要扪心自问，假如我处在对方的状况下，会怎么样？以达到与对方感情或思想上的共鸣，以爱己之心去爱对方，由爱自己推广到爱亲人，再到爱所有人，以至爱世上万事万物。爱己之心人皆有之，爱亲之心亦人皆有之，一定范围的推己及人不难做到，但是要将这种爱推得广、推得远，真正做到视他人如己身，视天下犹一家，是很难的。儒家所谓“老吾老以及人之老，幼吾幼以及人之幼”就是这个意思。

延伸阅读

仁爱的含义

传统的“仁”主要表现为爱，如“仁，爱也”，强调仁、爱相通。仁还有博爱的意蕴，具体表现为以下几个层次：爱人、敬人。“仁之实，事亲是也。”仁就是爱父母，这种爱，是敬爱、孝爱。“仁者必敬人”是先秦儒家荀子对仁的基本看法。教育中应施以敬的内容，如敬长、敬师、敬贤等。所谓敬，是要学会尊重，说话客气，礼貌待人。“恻隐之心，仁也。”这里的“仁”是同情心，同情心就是爱心。王安石有语：“不知仁义之无异于道德，此为不知道德也。”讲道德就是讲仁义，合乎仁义就是善，违反仁义就是恶。如何讲道德，施爱心？北宋哲学家张载说得好：“以爱己之心爱人，则尽仁。”

就现代社会对其成员的要求而言，人格和道德的发展应该是最重要的。对每个社会成员来说，对这两方面的素质要求应远远超过对其他文化素质的要求。社会的教育理念和舆论导向必须要在这一方面达成最大化的共识，并积极地将其付诸实践，否则，这个社会培养出的所谓人才即使智力水平再高、专业技能再优秀也不会成为社会发展的推动力，相反，只能成为社会的破坏者和社会发展的障碍。我国是礼仪之邦，“仁爱”的精神一直以来都是中国传统道德文化的核心，是中华民族传统美德的根本，进入21世纪，世界各国人民开始普遍重视和认同这一道德理念。联合国教科文组织发布的引导21世纪世界教育发展的口号也开始从着眼个体的“学会生存”而发展为“学会关心”，这说明整个世界都认识到了仁爱精神的价值，希望人们在仁爱精神的指引下去“关心他人”，“关心社会和国家的政治、经济和生态利益”，“关心其他物种”，“关心地球的生活条件”，等等。同时，友善还源自人们对于善价值的追求。善就是要求人们不但不做有损于他人利益的事，而且还要多做有利于他人及社会的事，不计报酬，不计名利。古希腊哲学家亚里士多德把友爱分为善的友爱、有用的友爱和快乐的友爱三种，认为只有善的友爱才是稳定、持久、值得人们追求的。怀一颗善良的心、成为善良的人是友善的前提。把善心传递给他人的过程就是友善。能够友善地对待他人既是对自身“善”性的展现，同时也是对人们彼此之间能够实现善意相处的推崇，由此可见，友善的发生基于人们对整个人类形成善良美德的追求。

名人隽语

最能施惠于朋友的，往往不是金钱或一切物质上的接济，而是那些亲切的态度，欢悦的谈话，同情的流露和纯真的赞美。

——富兰克林

没有一个善良的灵魂，就没有美德可言。

——贝多芬

在整个社会处于转型期的今天，社会成员能否拥有友善的品质充分体现着一个人的道德水平，友善是每个公民应有的基本道德品质。现代社会日益细化的社会分工决定了任何人都不是一个单独的存在，任何人都不可能独立地生活在这个社会中，换句话说，现代社会使人们之间的交往成为必然，现代人只有在相互交往中才能实现自身的价值。但现代社会的人们通常有着不同的利益诉求，不同的利益诉求间存在矛盾，甚至冲突在所难免。如果缺乏友善的道德品质，人与人之间就难以跨越差异，难以调和分歧和矛盾，共同的社会生活将变得非常艰难。作为现代人应具备的基本道德品质的友善，是公民进入社会生活的道德姿态。友善的品质促使人们在公共生活中寻求相互认同，积极主动地履行彼此间义务，以善意拉近彼此间的距离。

友善是心平气和地与别人探讨问题，友善是在别人遭遇困难时你伸出的一只手，友善是对陌生人的一个微笑，它表明一个人胸怀的宽广，体现一个人精神境界的纯净高尚，友善是光明与和平的使者。友善，是一个人更好地融入社会的前提。爱群、利群、乐群，是社会风气良好的重要标志。因此，在生活和工作中对人友善，是公民应具备的基本道德素养。

经典论述

> 真诚的、十分理智的友谊是人生的无价之宝。你能否对你的朋友守信不渝，永远做一个无愧于他的人，这就是你的灵魂、性格、心理以至于道德的最好的考验。
>
> ——马克思

在当今社会，随着社会生产力的不断发展，人们的物质财富日益丰富，进而使人们传统的观念受到强烈的冲击。许多人在个人物欲获得极大满足之后，人生观和价值观也发生了扭曲，他们没有因社会为他们的成功创造条件而心存感激，根本没有想过要用友善之心去帮助那些曾经帮助过自己的朋友，更不要说去关爱那些需要帮助的其他社会成员。财富没有使他们的品质更加高尚，相反却使他们丧失了友善这一基本的优良品质，这些人在物质上获得极大满足的同时，精神世界却无比的贫瘠荒凉。他们一味地追求物质的享受，却忘记了用友善的心灵去承担自己应尽的社会义务，他们在挥霍财富的同时，也消耗掉了自己的德性。一个丧失了友善品质的人，不仅不会主动去帮助他人，服务社会，更严重的是，由于这些人对他人生命、社会责任的漠视，为了追求个人一时的财富和利益，他们会放弃人性中最本真的善良，甚至不惜以伤害他人生命和危害社会安定为代价。

延伸阅读

三聚氰胺事件

事件起因是国内很多食用婴幼儿奶粉的婴儿被发现患有肾结石，随后在其食用的奶粉中发现化工原料三聚氰胺。根据我国官方公布的数字，截至2008年9月21日，因使用婴幼儿奶粉而接受门诊治疗咨询且已康复的婴幼儿累计39 965人，正在住院的有12 892人，此前已治愈出院1 579人，死亡4人。事件引起各国的高度关注和人们对乳制品安全的担忧。中国国家质检总局公布对国内的乳制品厂家生产的婴幼儿奶粉的三聚氰胺检验报告后，事件迅速恶化，包括许多国内知名奶粉生产厂家在内的22个厂家69批次产品中都检出三聚氰胺。该事件重创了中国奶粉行业的商品信誉，多个国家禁止了一些中国乳制品进口。

塑造社会成员的理想德性，是每一个社会在对社会成员培养时应首先要解决的问题。自古以来，中国在人才培养目标上都是强调以德行为主，即道德第一，学问第二。人类文明已经进入21世纪，思考如何净化心灵、完善人生、陶冶情操，做一个“经济人”与“道德人”相统一的现代人，仍然是当代文明不能回避的重大现实问题。特别是在中国逐步建立社会主义市场经济的今天，伴随着物质利益的凸显，人们的思想和行为都带上了强烈的功利主义色彩，重才轻德的倾向日趋严重。在这种大氛围下所培养出的人才大都缺乏社会责任感、正义感，并不同程度地带上了自私冷漠、自我中心、个人利益至上甚至唯利是图的心理倾向。严峻的现实使我们不得不冷静地思考如何建构符合时代要求的理想人格培养模式。无论这种理想人格模式的具体内涵是什么，在中华民族继往开来的今天，我们对社会成员的首要要求应该是与人为善、待人真诚。一个社会，如果其成员缺少了友善的品质，人的精神就会被私欲蛀空，心灵就会被腐蚀，人就成了空有躯体的无本之木，这样的人越多，社会就会变得越荒芜、越悲凉，整个社会就会失去精神力量的支撑。

作为现代社会的成员，我们应将友善的品质自觉地应用于自己的生活与工作中。在家庭中，友善可以使家庭的氛围更加和谐，可以化解各种家庭内部矛盾。由于家庭是整个社会系统的最基础的细胞，家庭成员友善品质的培育和践行是整个社会友善氛围形成的决定性因素。在工作中，竞争的残酷、人际关系的复杂是现代社会成员必须面对的现实状况，但与人为善、乐观向上的积极态度能够帮助我们更快地适应和成功地应对工作和生活中面临的种种困境，并最终获得事业上的成就感和生活上的幸福感。

延伸阅读

将相和的故事

春秋战国时期，赵国优秀将领廉颇以英勇善战闻名，立下无数战功，地位很高。蔺相如当时是一位赵王身边宦官的门客，被推荐完成送和氏璧换取秦国十五座城的任务。当时秦国强大，大家都知道送去和氏璧也得不到秦国的城池，不送却又怕得罪秦国招来祸患，蔺相如肩负国家利益和荣辱，冒生命危险以聪明才智和胆识完璧归赵，得到赵王的赏识和封赏。不久秦赵两国国君在渑池相会，蔺相如又立大功，为赵国挽回面子。赵王封他为上卿，官位在廉颇之上。廉颇对蔺相如不满，觉得自己在沙场上为赵国拼命，攻下无数城池，立下汗马功劳，蔺相如动动嘴皮子就比自己功劳还大，他很不服气。蔺相如得知廉颇对自己有意见，处处忍让，别人说他怕廉颇，他却说："秦王我都不怕，难道能怕廉将军？现在秦国不敢入侵，是因为赵国有得力将相，一旦我们不和，就会削弱赵国力量，秦国趁机入侵怎么办？我不论功争权，为的是国家大局，将相的共同利益！"此话传到廉颇耳里，廉颇也是深明大义之人，主动负荆请罪。将相和的佳话流传至今。

二、友善是人际关系的调和剂

社会学将人际关系定义为人们在生产或生活活动过程中所建立的一种社会关系。心理学将人际关系定义为人与人在交往中建立的直接的心理上的联系。中文“人际关系”常指人与人交往关系的总称，也称为人际交往，包括亲属关系、朋友关系、学友（同学）关系、师生关系、雇佣关系、战友关系、同事及领导与被领导关系等。人是社会动物，每个个体均有其独特之思想、背景、态度、个性、行为模式及价值观，然而人际关系对每个人的情绪、生活、工作有很大的影响，甚至对组织气氛、组织沟通、组织运作、组织效率及个人与组织之关系均有极大的影响。人际交往和人际关系又是有联系的。人际交往是人际关系形成的前提和基础，现实生活中的人，必然要与他人进行各种形式的交往。正如马克思所说：“人们在生产中不仅仅影响自然界，而且也互相影响。他们只有以一定的方式共同活动和互相交换其活动，才能进行生产。为了进行生产，人们相互之间便发生一定的联系和关系；只有在这些社会联系和社会关系的范围内，才会有他们对自然界的影响，才会有生产。”

友善是处理现代社会人际关系的基本道德规范，作为社会主义核心价值观所倡导的内容之一，友善的作用，好比是社会中人际关系的调和剂。在现代社会，社会成员之间的联系已经与传统宗族社会有了较大差别，以血缘关系为主导的亲缘关系只是社会成员需要面对和处理的各种人际关系的一部分，社会成员间的关系已经日趋复杂和多元化了。多元化人际关系的存在使人们在处理彼此之间关系时，不应该再仅以纯粹的亲情作为调节的唯一手段，当人际关系的双方均为平等的公民时，公共道德规范应成为社会成员和谐共处、共同生活的根本纽带。在业已形成广泛共识的公共道德规范体系中，友善价值规范是调节人际关系的有效策略之一。友善规范在现代社会人际交往中的广泛普及，对于使现代社会成员学会打破家族生活界限，以友善之心去对待自然、社会和他人大有裨益。当社会成员之间产生矛盾时，当人类社会与外部环境产生矛盾时，友善的品质能够起到疏导情绪和缓解矛盾的功效。但在人与人的交往过程中，有的交往过程可能非常顺利，令人心情舒畅、身心健康，能够促进良好人际关系的形成；有的交往过程则可能难如人意，令人心情郁闷、身心受损，并造成人际关系的紧张。因此，进行正确的人际交往十分重要。如何进行人际交往呢？人际交往有种种方法与技巧，但最重要的一点是要怀有一颗友善的心，因为友善是人际关系的调和剂。待人友善的心态主要包括以下几个部分：

待人友善，首先要学会彼此尊重。现代社会与传统社会相比一个重要的进步就在于每个人在政治地位上的差别已经不复存在，所有人无论地位高低、财富多寡，在人格上都是完全平等的。也就是说，人与人之间的交往不是发生在不同等级的人之间，而是发生在完全平等的个体之间。既然同属平等的社会成员，公民之间的交往就必须建立在相互尊重基础之上。孔子曾经讲过“己所不欲，勿施于人”，其基本含义是指自己所不愿意要的，不要强加于人。这句话揭示的是处理人际关系的重要原则。孔子的这句名言告诫我们应当以对待自身的行为准则为参照标准来对待他人。因此，人应该有宽广的胸怀，待人处世之时切勿心胸狭窄，而应宽宏大量，以恕待人。倘若自己所不欲的，硬推给他人，不仅会破坏与他人的关系，也会将事情弄僵而不可收拾。人与人之间的交往应该坚持这种原则，这是尊重他人、平等待人的体现。亚里士多德曾指出，平等是友爱固有的特点。友善是建立在主体的平等地位之上的，友善的双方拥有共同的要求，彼此间有着同样的愿望。与人交往、广交朋友时，首先要学会平等地尊重他人，不但要尊重与自己情趣相投的人，还要尊重与自己性格相异的人，求同存异、互学互补、处理好竞争与相容的关系，更好地完善自己。对待朋友做到尊重并不难，能够尊重、包容自己的对手甚至是敌人则不是一件容易的事，甚至不是一般人能够做到的事，但这种尊重和包容又是最能充分体现一个人高贵的友善德性的。面对同一件事，以两种不同的态度来对待，结果便会截然相反。友善的态度更能温暖人心，进而感动对方，使其渐渐改变敌对的想法。很多时候，用强硬方法解决问题往往会一无所获，但若用友善的方式来处理问题，则会收到事半功倍的效果。

延伸阅读

威廉·麦金莱轶事

在一次选举期间，美国第 25 任总统威廉·麦金莱经常被一个记者如影随形地跟踪。因为此人效力的报纸与麦金莱政见相左，经常发表一些于其不利的报道。麦金莱对这个人感到很恼火，可内心倒是禁不住暗暗“钦佩”其攻击自己的那种执着劲儿。一天，麦金莱坐着马车去附近一个小镇演讲。天气异常阴冷，没走多远，麦金莱就听见后面传来熟悉的咳嗽声，回头一看，原来是那个正患感冒且衣着单薄的记者，坐着简陋的马车尾随而至。麦金莱吩咐车夫停下，下车走到记者跟前，说：“年轻人，从你的座位上下来。”记者走下车，心想这个政敌报仇的时机到了。“拿着，”麦金莱脱下自己的大衣递给记者，“这件大衣你穿上，坐进我的马车里去。”“可是，麦金莱先生，”记者颇感意外地说：“我想你大概不知道我是谁。这次竞选我一直对你紧追不放，每次只要你一发表演说，我就会在报上骂你，我今天过来就是要尽我所能将你置于死地的。”“我知道，”麦金莱微笑着说，“不管怎么说，你穿上这件衣服，先坐进那辆车里暖和暖和，等会儿你好打个漂亮仗。”结果，从那以后，这个记者再也没有发表过一篇诋毁麦金莱的文章。

待人友善，其次要坚持诚实信用。从道德范畴来讲，诚信即待人处世真诚、老实、讲信誉，言必信、行必果，一言九鼎，一诺千金。诚信在《说文解字》中的解释是，“诚，信也”，“信，诚也”。可见，诚信的本义就是要诚实、诚恳、守信、有信，反对隐瞒欺诈、反对伪劣假冒、反对弄虚作假。诚实，就是忠诚正直、言行一致、表里如一。守信，就是遵守诺言、不虚伪欺诈。“言必信，行必果”，“一言既出，驷马难追”等流传了千百年的古话，都形象地表达了中华民族诚实守信的品质。由此看来，传统伦理将诚信作为人的一种基本品质，认为诚实是取信于人的良策，是处己立身、成就事业的基石。总而言之，诚信是个人生活的根本准则。在中国几千年的文明史中，诚实守信作为最基本的社会美德一直受到国人的大力推崇。对于每个身处中国文化氛围中的社会成员而言，“诚信”是立身之本，处世之宝。在现代社会中，要真正做一个受人欢迎、对社会有所贡献的人，光靠具备扎实的专业技能是不够的，还必须具有正确的社会价值观。“诚信”精神就是培养人的高尚道德情操、指引人们正确处理各种人际关系的重要道德准则。个人以诚信立身，就会做到公正无私、不偏不倚，讲究信用，就能守法、守约、取信于人，就能妥善处理好人与人、个人与社会的关系。待人友善与诚信待人实际上是密不可分的，当一个人怀着友善之心待人的时候，他是不可能去坑害、算计别人的。友善维系着人们之间的真诚。友善不是一种偶然的情绪，而是一种稳定的道德联系。在这种联系之中，人们真诚相待，建立互爱互信的伦理秩序。当朋友之间真正实现彼此友爱的时候，就一定能够做到言必信、行必果，不卑不亢，谦虚真诚而不矫饰诈伪，不俯仰讨好位尊者，不藐视位卑者。总而言之，人们之间的信任程度通常与情感密切相关，人与人之间的情感越密切，相互的信任程度就越深。友善价值观最大的社会功能就在于可以通过拉近人们之间的情感距离使承诺具有更强的社会责任感。因此，公民之间的友善交往是建立诚信社会的首要前提和保障。

名人隽语

你必须以诚待人，别人才会以诚回报。

——李嘉诚

老老实实最能打动人心。

——莎士比亚

即使开始时，怀有敌意的人，只要自己抱有真实和诚实去接触，就一定能换来好意。

——池田大作

有所许诺，纤毫必偿。有所期约，时刻不易。

——袁采

待人友善，还要做到处处宽以待人。每个人由于家庭背景、学业经历、性格特点的不同肯定有不同的气质、习惯和生活方式，在人与人的交往中彼此之间产生一些矛盾和分歧是必然的。与他人交往和相处时在非原则性问题上要能够做到不斤斤计较，以德报怨，宽容大度是待人友善的重要表现。友善待人所要求的宽容主要是心理相容，即人与人之间的融洽关系，与人相处时的宽容、忍让。要学会宽容，宽容就是人与人之间相处时能从对方的立场和角度出发充分地理解他人，体谅他人，拥有宽阔的胸怀。人们在共同生活、工作和学习的过程中产生摩擦、矛盾是正常的，但是矛盾发生后，如果一味斤斤计较、睚眦必报，带给当事双方的只能是更深的矛盾和长久的伤害，人际关系的紧张最终必将影响个体的发展和社会关系的和谐。面对矛盾，明智可行的做法是学会忍耐和包容，学会换位思考体谅他人，以积极的态度化解矛盾，避免矛盾的激化，最终达到彼此的互利互惠，而不是两败俱伤。所以，我们应该学会宽容，以友善宽容的态度对待社会和他人。21 世纪是一个鼓励个人彰显个性、鼓励创新的社会，人际交往中产生误解和矛盾的可能性比以前任何一个时期都要大得多。这就更要求人们在交往中要有宽容的心态，要谦让大度、克制忍让。在宽容友善待人的同时勇于承担自己的行为责任。当然，我们这里所提倡的宽容克制并不是无原则的软弱，甚至纵容错误。准确地说，真正的宽容是要在坚持正义的基础上有度量，是建立良好人际关系的润滑剂。也就是说，在与人交往时，要时刻怀有宽以待人的友善之心，设身处地地多为他人着想。人际交往、待人处世，如果没有了宽容，没有了友好，就失去了人之初中最重要的“善”。可见，友善是一种美德、一种修养，也是衡量一个人道德境界的尺码。

延伸阅读

化干戈为玉帛的典故

大禹幼年时便随父亲鲧东迁，来到中原。其父鲧被尧帝封于崇（即中岳嵩山），叫崇伯，实际上是一个封国国君。大禹的父亲鲧在自己的封地上建造了很高的城墙来保卫自己，使得自己属下的部落及族人纷纷离他而去，也使得其他部落的人认为有机可乘，都虎视眈眈地等待着机会。大禹当上首领后，注意到这个情况，就马上派人拆掉了城墙，填平了护城河。不但如此，他还把自己的财产分给大家，毁掉兵器，以道德来教化人民。大禹带领部下因地制宜，教民众学种稻谷、种杂粮，发展农牧业生产。这时候天下安定，国富民强，老百姓家里集聚了够好几年吃的粮食，国库中的储备也足够用好几十年。大禹带领整个部落的人各尽其责，别的部落相继来归附。大禹在涂山开首领大会时，来进献玉帛珍宝的首领有上万人。不仅如此，大禹还功成不居，好让不争，谦卑自律，责躬罪己，仁厚爱民。舜觉得大禹是一个能够治理天下的贤能之人，就在老了以后把帝位禅让给了大禹。

友善能够使我们真正体会到人生的美好和温暖，能够消除和化解人们之间的疏离与敌意。因此，待人友善是建立和谐人际关系的最迅速和最有效的方式，每个人都希望生活在一个友善和谐的社会之中，这就要求我们每一个人都以友善的态度与他人相处，共同营造一个心情舒畅、处处温暖和谐的生活环境。

三、友善是和谐社会的润滑剂

人类由采集狩猎时代进入农业社会，是人类社会的第一次革命。由农业社会迈向工业社会是第二次革命。人类社会的第三次革命则是信息革命。电信、电脑和人造卫星等通信技术和通信手段的发展使得人与人、国与国之间的关系看起来越来越密切。但在便利的沟通手段背后，我们收获的却是人际关系的淡漠、情感的压抑和失落。毫不夸张地说，人际关系的冷漠和疏离已经成为现代社会的主要特征之一。特别在城市化进程不断加快的今天，人情冷漠和过度理性所带来的弊端，越来越受到人们的关注。如何让友善待人和友善相处重新成为人们的一种生活态度和人生精神，重建和谐的社会关系，已经成为现代社会必须面对的重大课题。

在建立市场经济体制的过程之中，市场作用及其内在运行机制的功利性和竞争性特征，对传统人际关系造成巨大的冲击，并带来各种各样的社会问题。在此意义上，友善价值观的培育和践行，为社会矛盾的缓解、社会良序的维护以及和谐社会的构建提供了坚实的价值基础。友善是维护和谐社会生活的润滑剂，友善作为社会主义核心价值观，在社会生活中发挥着不可替代的基础性作用。在友善价值观的引领下，我们一定能够有效化解现代社会紧张的人际关系、调节社会心态、创建良好的社会生活环境。

友善价值观有助于建立和谐的人际关系。现代社会的人际关系紧张主要来自两个方面：一是社会的竞争压力，二是多元价值观所带来的差异性。我国市场经济搞了30多年，由初始的企业竞争逐渐演变成今天全社会全方位的竞争，市场经济的优胜劣汰规律使人们陷入无止境的竞争旋涡，人们不管自身条件如何，总喜欢跟别人盲目攀比，造成压力重重、人际关系紧张。盲目竞争使很多人心态失衡，失去了理性思维，不良心态反过来又导致盲目竞争、恶性竞争，盲目竞争和不良心态又共同造成紧张的社会环境和人际关系。同时，现代社会经济的飞速发展带来的人们在思想意识领域的活跃和分化，多元化的价值观念使各种思想意识不断地发生碰撞和冲突。可以说，随着改革开放的进一步加快，我国已经进入了多元化和信息爆炸时代。其特征是经济成分和经济利益多样化、社会生产方式多样化、社会组织形式多样化、就业岗位和就业方式多样化、分配方式多样化等日趋明显。以互联网、电视等为代表的多媒体的飞速发展给人们带来了各种各样的多元信息，使人们形成了日益丰富的多元意识。从总体上来说，多元化是社会发展进步的标志，但由于与多元化相对应的是人们思想的日趋活跃、开放，主体意识更强，相互之间的交往更容易由于对自身价值观的坚持产生分歧。

友善价值观就是要改变人们在彼此竞争中看待他人行为方式、思想观念的视角，引导人们不把其他人简单地当作社会生活中的对手，而是当作共同生活在这个社会中的伙伴。友善价值观也会引领人们以开放、包容的心态对待公民间在生活方式、文化、观点等方面的差异，在社会生活中求同存异。友善价值观有助于人们用更多的宽容、理解之心填充彼此之间的沟壑，建立和谐的人际关系。

延伸阅读

许昌“三和活动”构建和谐社区

老子所说的“鸡犬之声相闻，民至老死不相往来”在现代社会并不罕见。现在大家都是住的商品房套间里，大门一关，自己家就成了独立王国，外面什么事都不知道，左右隔壁、楼上楼下的邻居有什么事也不知道，人家房里起火了、跑水了、打架了、被偷了、生病了也不知道，就连人家叫什么、哪里的、哪个单位的、家里有多少人都不知道。这能不冷漠吗？因为冷漠、不认识、没交情、无关系，一旦偶有交往能不紧张吗？过去，有街坊、有大院，且住户基本上还是同一单位、同一地方，故彼此交往很多，非常熟悉，知根知底，感情也深，还有“远亲不如近邻”之说，经常可以“夜不闭户”、“出不锁门”，这样的人际关系就不是陌生、冷漠、紧张，而是亲热、融洽、友好了。

10 月 17 日是许昌市魏都区春秋社区的“邻里交流日”。一大早，社区二楼会议室就济济一堂，20 多位老人你一言我一语，不时传出欢声笑语。春秋社区地处繁华闹市，是许昌市首批表彰的 13 个文明社区之一。年轻的社区书记景海燕告诉记者，“邻里交流日”是该市实施“三和行动”之后社区服务增加的“新项目”。目的是为社区居民搭建一个交流信息、沟通感情的平台，倡导互帮互助，促进邻里和睦。交流日每月举办一次，每次一个主题。这次的主题是“关爱老人”。“所谓‘三和行动’，就是家庭和美、邻里和睦、人际和谐。”许昌市文明办副主任张莉君说。自 8 月初“三和行动”启动，该市紧密结合文明城市创建，采取集中教育与社区、学校教育相结合的方式，举办家长学校、市民学校，组建社区教育讲师团、“五老”讲师团，受教育公民达 32 万人次。

在许昌市区，流传着这样一个真实的故事：一位 95 岁高龄的保姆，已在一户高姓人家待了 43 年。高家人把她当亲人待，孩子们称其为“姥娘”，一家人其乐融融。10 月 17 日下午，在魏都区新兴社区一户普通的人家，我们见到了这位叫关玉贞的老人。老人 30 多岁丧夫，膝下无儿无女。52 岁时经人介绍来到高家，照顾高顺明夫妇的儿女，从此高家就把她看作自家人。高顺明临终前再三嘱咐儿女，一定要为老人养老送终。老保姆关玉贞的故事披露后，在许昌市引起了强烈反响。该市宣传文化部门以此为突破口，大力发掘宣扬团结友爱、人伦孝道的典型事例，在全社会倡导文明和谐之风。全市组建社区志愿服务队 97 个，开设爱心热线 12 条；组织开展“献爱心、送温暖”活动，50 多家企事业单位筹集助学金 251 万元，资助贫困大学生 800 多名；以“全国十佳孝贤”张尚昀、“拾金不昧”李红玲等为代表的 120 名“道德建设好公民”相继涌现。

友善价值观有助于人们建立良好的社会心态。传统社会转向现代社会、农业社会转向工业社会、封闭社会转向开放社会、体力型社会转向技术型与知识型社会，乃至知识型社会转向智慧型社会的变革，使得人们的生存方式也面临重大变革。个体的社会成员在计划经济时期端铁饭碗，吃大锅饭，干多干少、干好干坏一个样，而在市场经济时则可能要面临激烈的竞争，可能要面临下岗，或自谋职业，甚至一夜之间就破产或失业，也可能在一夜之间成暴发户。改革开放以来，我国经济发展取得了令人瞩目的成就，但由于我国经济机制以及各项制度尚在调整和完善之中，社会发展所带来的变化和问题也势必导致社会风气的滑坡和社会成员心态的波动，比如仇富心理、仇官心理以及在财富面前的浮躁情绪等。现代社会的人们在享受前所未有的物质财富的过程中也在不知不觉中强化了人的自我意识，即享受自我关注的过程，越来越多的人只关注自己的生活，只关注自己的利益。在愈来愈重视自我的过程中，作为社会成员的个体会逐渐产生轻视他人、轻视集体的观念，只要别人比我强，只要我的需求没有被他人和社会满足，我就无法忍受，我就不满意。社会心态失衡的一个主要原因就是社会成员之间缺乏充分交流、理解和包容。现代人在对很多问题的看法上，与父辈产生了较大的差异。为了适应这种差异，以更加科学的方法调整现代人的社会心态，在进行爱国主义、集体主义、社会主义教育的同时，也要适应新的变化，更加注意利用符合新一代特点的方法，来塑造社会主流价值观、道德观和意识形态。比如，对友善价值观念的倡导，就是要求每一个社会成员能够以健康、友爱的心态看待其他人，从积极的角度肯定他人、尊重他人，在此基础上，消除社会不良现象和风气。

社会心态是社会的“晴雨表”和“风向标”。培育良好社会心态、营造新风正气，事关社会主义核心价值体系建设，事关改革发展稳定大局，事关民生福祉和社会的长远发展。面对由于经济体制深刻变革、社会结构深刻变动、利益关系深刻调整，人们的心态更加复杂、思想更加活跃、价值取向更加多样化的新情况、新问题，通过对友善价值观的积极倡导，培养社会成员谦让包容的胸怀，能够尊重差异、包容多样，对人对事宽容大度、彼此友爱、互谅互让，不斤斤计较、自私狭隘，才能在差异中求和谐，在矛盾中求统一，在发展中求共赢。

友善价值观有助于增强社会信任感。中国社会科学院 2011 年发布首部社会心态蓝皮书指出，从总体上看当代中国人的精神状态显得生机盎然、活力四射。但与此同时，社会信任度正处于低值状态。蓝皮书透露，2010 年，对北京、上海、广州三市市民的调查结果显示，三市市民总体社会信任属低度信任水平。其中，政府机构、公共媒体、公共事业单位或部门等受信任程度较高，接近“中度信任”水平；商业行业最低，属“基本不信任”水平。上海和广州两市的社会信任状况略高于北京。三地市民认为广告、房地产行业信任缺失，食品、药品行业信任危机严重。调查显示，虚假广告欺骗现象的严重程度得分为 78.3 分，属于“非常严重”范围；房地产开发和中介、食品行业、药品行业的严重程度得分分别为 71.0 分、65.4 分、64.0 分，均属“严重”范围。为什么当人们度过了物质的匮乏期之后，在精神上却出现了对社会缺乏信任感的危机呢？实际上，对社会缺乏信任感是对他人，特别是对陌生人不信任的一种辐射，人与人之间关系的危机积聚到一定程度就会导致整个社会的信任危机。友善价值观既是调和人际关系的妙药，也是实现人与社会关系和谐的良方。友善价值观有助于人们秉持诚信之德，消弭人们心中的隔阂。友善价值观还能通过拉近人们的情感距离使人们对于承诺有更强的责任感。

培育友善价值观，首先，就要培养社会成员对规范本身的社会认同感，只有当社会成员完全认同自身所处社会的基本道德规范和价值观念时，才会自觉践行这一观念，主动地将这些价值观融入、运用于其参与的社会生活和社会交往中，从而与其他公民建立友好和谐的人际关系。友善能增进社会成员之间的彼此信任，进而使自己的人际关系氛围更加和谐。当自身和社会发展时，个人对友善规范的践行就会从被动变为主动，进而上升到自发自觉的理想境界。其次，要在社会制度建设之中彰显友善观念。要鼓励公民团结合作，通过制度建设在公民之间构筑互利互惠的渠道，让所有社会成员共享社会合作体系的成果。最后，要在社会生活各领域、各层面宣传和提倡友善观念，并努力形成友善的社会文化。要发挥社会教育体系和公共媒体的作用，通过对公民互助活动等友善行为的报道和宣传，让人们在社会生活中能够真实感受到倡导友善价值观所带来的人际关系改善和社会温暖，逐步形成一种惩恶扬善的社会风尚，让追求崇高的行为获得社会的肯定和赞扬，使善行得到善报。同时，当人们见义勇为或无私帮助他人时，要为他们的善行提供有力的精神和物质支持，对于他们的奉献和牺牲进行社会性的补偿，比如建立见义勇为基金、成立道德银行，充分保障道德主体的合理权利等。

友善并不是语言符号和概念化的存在，它是存在于人们的德性之中的能够对各种社会关系的形成和发展产生重大影响的一种巨大精神力量和社会力量。一个缺乏友善精神的社会，社会成员之间必定是缺乏宽容和理解的，在这种社会环境中生活的社会成员是不可能有幸福感可言的。社会的和谐需要宽容，需要理解，营造友善和关怀的气氛，是每一个公民应尽的义务。

四、友善自然是实现生态和谐的基础

我们在社会主义核心价值观中所倡导的友善价值观不仅指在人际关系中，即人与人之间应友善相待，广义的友善理应包含友善自然、人与自然和谐相处的意蕴。人类社会的发展是在人类认识、利用、改造和适应自然的过程中不断演进的，随着人类社会的不断向前发展，人与自然的关系处在不断的演变中。这种关系大概经历了三个阶段：

第一阶段是人与自然和谐相处的“天人合一”阶段，即原始的农耕文明阶段。在这一阶段，人类实质上从属于自然，人类与大自然之间是一种亲密无间的关系。

中国传统文化的核心理念就是追求人与自然的和谐，这是中国文化传承的主流。中国儒家提倡“天人合一”，人事必须顺应天意，要将天之法则转化为人之准则，儒家文化认为只有顺应天理，方能国泰民安。中国道家提出“道法自然”，将“自然”这个概念提升到了形而上的高度。所谓“道法自然”，指的是“道”按照自然法则独立运行，而宇宙万物皆有超越人主观意志的运行规律。老子认为，人只能是“辅万物之自然而不敢为”。约四千年前的夏朝，就规定春天不准砍伐树木，夏天不准捕鱼，不准捕杀幼兽和获取鸟蛋；约三千年前的周朝，根据气候节令，严格规定了打猎、捕鸟、捕鱼、砍伐树木、烧荒的时间；两千年前的秦朝，禁止春天采集刚刚发芽的植物，禁止捕捉幼小的野兽，禁止毒杀鱼鳖。中国历朝历代，皆有对环境保护的明确法规与禁令。可见，在中国传统社会中人们就被要求要充分地尊重自然、善待自然、爱护自然。

马克思指出，人的自由全面发展及其与自然关系的协调是理想的社会发展模式，它“作为完成了的自然主义，等于人道主义，而作为完成了的人道主义，等于自然主义，它是人和自然界之间、人和人之间的矛盾的**真正**解决，是存在和本质、对象化和自我确证、自由和必然、个体和类之间的斗争的真正解决”。在这种理想的社会发展模式中，“**社会**是人同自然界的完成了的本质的统一，是自然界的真正复活，是人的实现了的自然主义和自然界的实现了的人道主义”。这里，人与自然的关系在社会实践基础上实现了真正的统一。恩格斯也曾对人与自然的关系进行了深入研究和大量论述，其基本观点对我们正确认识和处理人与自然的关系具有重要的现实意义。恩格斯明确指出：“我们连同我们的肉、血和头脑都是属于自然界，存在于自然界的。”随着自然科学的大踏步前进，“我们越来越有可能学会认识并因而控制那些至少是由我们的最常见的生产行为所引起的较远的自然后果。但是这种事情发生得越多，人们就越是不仅再次地感觉到，而且也认识到自身和自然界的一体性，而那种关于精神和物质、人类和自然、灵魂和肉体之间的对立的荒谬的、反自然的观点，也就越不可能成立了……”可见，人不是处于自然的外部，而是自然的产物和组成部分，人类理应像爱护自己一样关爱自然。

名人隽语

天地与我并存，万物与我为一。

——庄子

仁爱及物，慈悲为怀。

——王阳明

大自然是善良的慈母，同时也是冷酷的屠夫。

——雨果

大地给予所有的人是物质的精华，而最后，它从人们那里得到的回赠却是这些物质的垃圾。

——惠特曼

第二阶段是人类征服和改造自然的“天人相分”的对立阶段，即近代工业文明阶段。在这一时期，人与自然的关系是一种“主奴关系”，它是以人类大规模地征服、改造和利用自然为特征。因此，人与自然的关系从“相合”日渐走向疏离。

在这一阶段中，随着人类科技的不断发展，人类逐渐意识到自身能力的强大，从而对大自然萌生了越来越多的诉求和欲望，人类误认为自己完全可以实现对自然的改造和控制，于是不计任何代价地开发和利用自然。对自然的过度索取和破坏，不可避免地造成了触目惊心的环境污染：天空昏暗、空气污浊、污水横流、垃圾围城等随处可见，甚至连远在南极的企鹅体内也发现了 DDT 等农药残余，许多风景名胜区遍地狼藉，蓝天碧水已经成为许多人儿时的记忆和遥不可及的梦想。环境污染主要是人为因素造成的。人们在工业生产和日常生活中排放的大量“三废”垃圾，以及某些工业和生活设施突发的意外事故，或者医院未经专门处理的医疗废弃物等均可能造成对环境的巨大污染，甚至引发生态灾难。这时的人们不再像恩格斯所指出的那样是自然的产物和组成部分，人们狂妄地认为自然只不过是人类的附庸，只不过是为了满足人类的欲望而存在的。人们狂妄地把自己看作自然的主人，可以随意地驱使和挥霍自然。人类与自然之间本该存在的相互依存、彼此友善，和谐共生的关系不复存在了，而造成两者关系日益恶化的始作俑者完全只有人类一方。自然界本来是宽厚、仁慈的，它一直以友爱的心态、宽厚的胸怀包容着人类，人类从自然中产生，从自然中不断获得延续种群生命的资源。人类对自然的态度则不甚友好，甚至极尽破坏之能事，这种恶劣的行径最终造成了人类与自然关系的日益恶化，自然也开始了对人类的连续不断的报复。

延伸阅读

人类对自然环境的破坏

大气环境正在恶化。主要表现为：气候灾害增多、加剧，全球气候变暖，冰川消融，海平面相应升高，沿海低地受到海水淹没的威胁。大气成分发生不利于人的变化，二氧化碳增加，缓解紫外线辐射的臭氧层浓度降低，地球两极上空臭氧层出现空洞并在加大。南极臭氧空洞，是因为过去氟利昂用量过多，排放到空气中造成的，大量紫外线照射地球，皮肤癌等发病率升高，地球温度升高。据 1997 年美国里奇国家实验室的报告，大气中二氧化碳的浓度，自工业革命以来已增长了 30%，甲烷增长了一倍，氮氧化物增长了 15%。二氧化碳、甲烷、氮氧化物都是能产生温室效应的气体，其浓度的增加导致气温升高。

大气圈中发生的这些变化，有自然本身的原因，火山喷发、森林大火都能把污染物送入大气。但是人类使用煤和石油等化石燃料，释放出二氧化碳、甲烷、氮氧化物、二氧化硫及其他有害气体和粉尘，对大气的污染更为严重。烧煤产生的污染物最多，由此形成的毒雾和酸雨，是大气污染的突出表现。普通雨水中本常含有微量的碳酸，受到污染的大气，增加了二氧化硫和氮氧化物等成分，使雨水的酸性增强，现在人们把 pH 值低于 5.6 的雨水定为酸雨。它看起来与普通雨水无异，但其所含酸性物质进入陆地表面土壤和水中，依靠这些水土生存的生物都会受到不利影响，酸雨对森林的破坏作用尤大。1939 年第一次作为酸雨记录下来的 pH 值是 5.9（纯水的 pH 值是 7）。到 20 世纪 50 年代，酸雨的 pH 值已降到 3～5，最低还有 2.1 的记录，和醋的酸性差不多甚至更强了。这说明随着工业的发展，大气受到污染的程度越来越厉害。

由于含有污染物的大气是流动的，它可以漂洋过海，日本排放的酸性成分可以跑到美国再形成酸雨降下，加拿大的酸雨源出美国更不足为奇。我国经济的高速发展，也使酸雨覆盖面积急剧扩大，如何扭转这一局面，成为亟待解决和深入研究的问题。

第三阶段是人与自然重新走向和谐的新“天人合一”阶段，人类与自然是一个有机统一的整体。这一阶段呈现出人对自然关系的新认识和某种程度的复归。

人类从洪荒时代走到了现代文明的新世纪，人类的智慧既创造了经济和文化的奇迹，也引发了人类的贪婪，人与自然关系的恶化就是其后果之一。在严峻的生态危机面前，实现人与自然的和谐发展已经成为全世界的共识。人们渐渐从噩梦中觉醒，认识到只有做到人与自然的和谐共处，才能真正实现整个人类社会的可持续发展。1972年，以米都斯为首的一批西方科学家组成的罗马俱乐部发表了《增长的极限》，罗马俱乐部警告人类正处在历史的转折点上，如果继续遵循过去发展的方式，等待人类的将是全球性的大灾难。我们生活的地球的承载力是有限的，地球上的土地资源、不可再生资源、污染承载能力都存在一个极限。而避免出现灾难性崩溃的前景，最好的方法是限制增长，即零增长。尽管该报告的观点过于悲观，提出的解决方案在现实世界中也难以推行，但是它对地球潜伏的危机和发展面临的困境的警告，无疑给人类开出了一副清醒剂，并成为20世纪70年代环境保护运动的理论基础。1983年，联合国成立了以挪威首相布伦特兰夫人为首的世界环境与发展委员会，专门研究“持续发展”，制定“全球变革日程”。该委员会经过长达4年的研究，在充分论证的基础上写出了《我们共同的未来》的著名报告，正式提出了“可持续发展”的理论和模式。而1992年联合国环境与发展大会通过的《21世纪议程》，更是高度凝聚了当代人对可持续发展理论认识深化的结晶。可见，人类开始重新关爱自然，开始想要同自然重新建立起友善和谐的关系。

人与自然关系的历史演变是一个从和谐到失衡，再到新的和谐的螺旋式上升过程。马克思曾说过：“社会是人同自然界的完成了的本质的统一，是自然界的真正复活。”人类如何才能真正实现健康、幸福的生活，实现人类本身的健康，实现人际关系的和谐固然非常重要，追求人与自然的和谐，以友善之心尊重自然、关爱自然也应成为人类共同的价值取向和最终归宿。

延伸阅读

世界环境日

世界环境日是每年的6月5日，是由1972年6月5日在瑞典首都斯德哥尔摩召开的世界第一次“联合国人类环境会议”所建议，于1972年10月经第27届联合国大会通过确定的。每年这一天，联合国各成员国要以各种形式开展保护环境的宣传活动，从1974年开始，联合国环境规划署每年根据这一年世界上的主要环境问题，确定一个宣传的主题。从1987年开始，还要每年选择一个城市作为联合国的宣传活动中心。联合国系统和各国政府每年都在这一天开展各种活动，宣传保护和改善人类环境的重要性，联合国环境规划署同时发表《环境现状的年度报告书》，召开表彰“全球500佳”国际会议。

中国从1985年6月5日开始举办纪念世界环境日的活动。自此之后，每年的6月5日全国各地都要举办纪念活动。1993年北京被选为举办庆祝活动的城市，其主题是“打破贫穷与环境的怪圈”。

第三章

任重道远倡友善

友善不仅是一个理论问题，更是一个需要付诸实践的现实问题。中华民族自古以来就是一个倡导人与人、人与自然和谐相处的民族，友善由此也成为中华民族的优良传统。当然必须承认的是，现实生活中还有诸多不友善现象，但这并不能够否定友善这一理念本身，因为这些现象的存在既有客观的土壤，也有其主观上的根源。我们的任务是寻找不友善现象的原因，弘扬中华民族的友善传统，为实现中华民族伟大复兴的中国梦作出自己应有的贡献。

一、友善是中华民族的优良传统

友善是中华民族的传统美德之一，在我国传统文化中有大量关于友善的论述。其基本的思想在于教导人们以和谐友善的态度和宽广的胸怀对待他人、社会和自然。如《周易》中的，“地势坤，君子以厚德载物”，《论语·学而》中的“礼之用，和为贵”等，都是强调以友善的态度来处理人与人、人与自然的关系。

友善在中国传统文化中具有非常重要的地位。

首先，友善是治国良策。孔子将友善作为治国之策，“子为政，焉用杀？子欲善而民善矣。”以友善为标准，可以化解各种社会矛盾。孟子主张以“仁政”治国，即强调君主要对人民友善，这就是所谓的“仁政”。孟子告诉梁惠王，“如施仁政于民，省刑罚，薄税敛”，努力搞好生产，“深耕易耨”，让青壮年“以暇日，修其孝悌忠信”，他们就能用木棒抗击秦、楚的坚甲利兵，这就是“仁者无敌”。在此基础上，孟子强调得道多助，失道寡助，认为个人和国家只有坚持正义、友善和仁义，才能得到多数人的支持帮助；违背正义、友善和仁义，则必然陷于孤立。《管子·兵法》中说：“畜之以道则民和，养之以德则民合。和合故而能谐，谐故能辑。谐辑以悉，莫之能伤”，就是说，有了和睦、团结，行动就能协调，进而就能达到步调一致。协调和一致都实现了，便无往而不胜。老子说："上善若水，水善利万物而不争，处众人之所恶，故几于道。"这里的"道"即是友善之道，就是在与他人处理关系时要谦虚谨慎，不争名夺利，尊重别人的意见。做到"夫唯不争，故无尤"，才能有效地缓解人与人、人与社会的各种因利益而引发的社会矛盾。

延伸阅读

历史上的"文景之治"

西汉建立以后经济萧条，汉高祖及其后的汉文帝、汉景帝等，吸取秦亡的教训，减轻农民的徭役和劳役等负担，注重发展农业生产。文景时期，提倡节俭，重视"以德化民"，社会比较安定，经济得到发展。历来被视为封建社会的盛世，史称"文景之治"。拿汉文帝来说，在他执政时期，采取以"仁德"为本，通过"无为"的方式来治理国家。汉文帝非常注重民生，力图在给老百姓实惠的基础上来实现国家的强盛。为此，他宣布"赐天下民当代父后者爵各一级"——就是所有的嫡长子都自动获得一级爵位，并且为天下孤寡老人、80 岁以上的高龄老人、所有 9 岁以下的孤儿提供基本的生活保障。同时执行休养生息和轻徭薄赋的政策，经常使用田租减半征收的方法减轻人民负担，并下"重农之诏"，全部取消田租的征收，连续 12 年免收全国田赋，还颁布"除戍卒令"，徭役减至每三年服役一次。汉文帝还下诏"弛山泽之禁"，向人民开放土地和山林资源，任民垦耕；并废除盗铸钱令，开放金融，实行金融自由政策，结果富商大贾周流天下，交易之物无不流通，商品财富迅速增加，达到天下家给人足、经济繁荣、社会政治稳定的局面，真正实现了国家的富强。

其次，友善是做人的最高标准。与人为善作为中华民族的传统美德，是为人处世的重要准则。与人为善，包含着丰富的内涵。《孟子·公孙丑上》中说："取诸人以为善，是与人为善者也。故君子莫大乎与人为善。”意思是，君子最高的德行就是同别人一道行善。孟子因此指出：“仁者爱人，有礼者敬人。爱人者，人恒爱之，敬人者，人恒敬之。”老子则认为一个合乎道的人，应该：“居善地，心善渊，与善仁，言善信，政善治，事善能，动善时。”

延伸阅读

古人与人为善的故事

《声律启蒙》中有“爱见人长，共服宣尼休假盖；恐彰己吝，谁知阮裕竟焚车”的典故：一天，孔子正要出门，天下起了雨，有个弟子说：“老师，子夏有把漂亮的伞，您向他借了伞再出门吧！”孔子笑笑说：子夏为人比较吝啬，我听说和人打交道要扬其长避其短，这样才能交往长久。我不是不知道子夏有伞，只是不想因借伞而显露他的小气罢了。晋朝阮裕曾有一辆好车，只要有人向他借车，他无不答应。有一次，一个人为了埋葬母亲，想跟他借车，但又不敢开口。后来阮裕知道了，叹惜道：“一个人有车，却让别人不敢向他借，有车又有什么用呢？”便把车子烧了。

明代礼部尚书杨翥有一嗜好，很喜欢驴，而且还喜欢听驴子的叫声并以此为乐。他平日上朝或外出，均以驴作为主要交通工具。回家后，他总是亲自喂驴，再听听驴子的叫声。这可苦了隔壁人家。邻居是一对老夫妻，快60岁的时候生了个儿子，老来得子夫妻自然非常高兴，但这个孩子一听到驴的叫声就哭个不停，搞得全家人都不得安宁，十分烦恼。可杨翥是朝廷大吏，惹不起。这家人就一直忍着，不敢声张，害怕得罪这位高官。时间一天一天过去，眼看那孩子受驴的叫声折磨，饮食明显减少，精神也有恍惚之象，老夫妻俩实在没招了，咬咬牙，豁出来，上门去。没想到的是，杨大人知道此事，二话没说，再三表示对不起，并立即卖了驴，还邻里孩子一个安静生长的环境。这种与人为善的举动为他赢得了交口称赞。

最后，友善是教育的最高境界。孔子将友善作为教师的标准："三人行，必有我师焉。择其善者而从之，其不善者而改之。"孟子说，"善教得民心"，因而以教化为仁政的手段。这有着建设精神文明的意义。他指出："人之有道也，饱食、暖衣、逸居而无教，则近于禽兽。圣人有忧之，使契为司徒，教以人伦：父子有亲，君臣有义，夫妇有别，长幼有序，朋友有信。"孟子的教育理想是"亲亲而仁民，仁民而爱物"，即由亲爱亲人的和谐进至仁爱民众的和谐，再由此进至爱惜万物的人与自然界的和谐，从而进入天人合一的友善之境。《大学》则提出"大学之道，在明明德，在亲民，在止于至善"的教育理念。

总之，在中国传统的友善文化中，一个人能否做到友善，关系到社会成员之间是否融洽，关系到整个社会是否和谐。我们今天倡导友善文化，就是要继承和发扬中国传统友善文化中通过认识自己、关爱理解他人、包容他人、克己立人来实现社会价值的核心理念，从而增强我们的文化自信、价值观自信，提升民族文化软实力。因此，传统文化中的友善资源可以为社会主义核心价值观在新时代的弘扬，提供丰富的历史滋养。也正因如此，习近平总书记在山东考察调研时强调，培育和践行社会主义核心价值观，一定要以优秀传统文化为根基，增添文化的内涵、实现文化的关照，对历史文化特别是先人传承下来的价值理念和道德规范，要坚持古为今用、推陈出新，有鉴别地加以对待，有扬弃地予以继承，努力用中华民族创造的一切精神财富来以文化人、以文育人。

二、不友善的现象

友善是中华民族的传统美德，并不意味着当代中国不存在不友善的现象。事实上我们必须坦率地承认在我们的日常生活中确实存在着某些不友善的现象。只有充分认识到这些现象，努力改进之，才能真正建设一个友善和谐的社会。

这些不友善的现象可以归纳为以下几个方面：

第一，缺乏宽容心。有些人不懂得宽容、理解他人，有时会因为一些鸡毛蒜皮的小事恶语相向，甚至动手打人伤人；在网络上一言不合，就大爆粗口；有时则因为自己的要求没有得到满足、自己反映的问题没有得到解决，就采用极端方式伤害当事人，甚至伤及无辜群众；有时会因为只考虑自己的利益而危害大多数人的利益……

相关链接

2013 年 7 月 23 日 20 时 50 分许，在北京市大兴区科技路公交车站发生一起恶性案件。两名驾车男子因不满一名推着婴儿车的女士挡道，双方发生争执。争执过程中一名男子将该女士打倒后，又将婴儿车内的婴儿摔在地上，导致婴儿严重受伤，后因抢救无效死亡。

北京市怀柔区农民卜某，为达到发泄个人不满情绪、报复社会的目的，竟驾驶机动车故意冲撞无辜群众，致 1 人死亡、7 人受伤，并使公私财产遭受重大损失。

兰州一出租车司机失恋后为发泄不满，报复社会，伙同一老乡，杀死 6 名女乘客并将她们抛尸枯井。

2014 年 9 月 1 日，湖北省十堰市郧西县城关镇东方小学发生了一起持刀砍人事件。犯罪嫌疑人陈某因学校不让其女儿报名，持刀闯入校园砍伤 9 人，致 3 名学生和 1 名老师身亡。陈严富当场跳楼自杀身亡。

第二，缺乏同情心。有些人在他人遇到困难时袖手旁观、无动于衷，甚至落井下石；有些人则对社会公益活动比如赈灾救援等消极对待，甚至推卸责任，认为这只是政府部门的事，和自己无关；

有些人则对残疾人或者其他有缺陷的人避而远之，甚至对其乱起外号、嘲弄讽刺；有些人只懂得爱护自己的亲人朋友，而对陌生人的尊严、痛苦则漠不关心、置若罔闻……总而言之，对待见义勇为、扶危济贫的事，一切皆事不关己，高高挂起。

相关链接

2004 年 10 月 11 日，黑龙江省大庆市发生了狗主人威逼人力三轮车夫向小狗下跪磕头的事件；一个月后，11 月 16 日，相同的一幕又在安徽省合肥市街头上演：一位出租车司机迫于狗主人的威胁殴打，在瑟瑟寒风中向被撞伤的小狗下跪，直到警察赶到现场才起身。

较长时间来，见义不勇为、有义不伸张、甘当冷漠看客的现象层出不穷：武汉老人摔倒无人搀扶窒息而亡、济南 100 多名过路群众围观被撞青年男子半小时、济南全车乘客眼看着歹徒刀捅英勇司机李国强竟无一伸出援手、江苏凶汉当众殴打送孩子上学的妇女致重伤全车人无动于衷、上海宝山公共汽车上“光头男”殴打女司机乘客集体沉默、佛山路人眼睁睁看着小悦悦被汽车多次碾压无人上前救治……一系列事件不断冲击着人们的神经，拷问着世人和社会的良心。

扶危济困、乐善好施是中华民族的传统美德。然而在社会经济发生重大转变的今天，一些人的人生观和价值观也在悄然改变，有些人在获得了较多的财富之后，一掷千金，骄纵奢侈，一味地追求物质的享受，却忘记了用友善的心灵去回馈赠予他们这一切的社会，这就是许多中国富豪的“慈善冷漠病”。更有甚者，从 2004 年湖南太子奶集团诺而不捐被中国妇女基金会告上法庭，到 2007 年“中国妈妈”胡曼莉侵吞孤儿善款，再到 2008 年汶川地震期间的“天价帐篷”，2009 年红十字会“小天使”专项基金遭冒领和挪用，2010 年章子怡“诈捐门”，不时冒出的慈善丑闻不断拷问着中国慈善事业。特别是自2011年以来，在中国慈善事业刚刚迈进第四个十年之际，慈善危机事件集中爆发。先是上海卢湾区红十字会的“万元餐”事件，接着是广州廖冰兄基金会女出纳私吞巨额善款事件，之后的“郭美美事件”更是把中国红十字会乃至中国慈善事业推向风口浪尖。一时间风声鹤唳，中国慈善事业遭遇近年来最大的信任危机，受到了诸多的口诛笔伐，公民对慈善的不信任感、疏离感急剧增强。

第三，缺乏公德心，不遵守基本的社会规范。例如雨天开快车遇行人不减速、土路开车扬尘土；汽车不让行人、行人乱闯红灯、十字路口塞车不让行和加塞现象，不让急救车辆，公共场所大声喧哗；对不道德、不文明行为视而不见，不加以制止，纵容这种行为的蔓延；在互联网上尔虞我诈，传播负面内容；等等。

相关链接

2011年10月13日，2岁的小悦悦在佛山南海黄岐广佛五金城相继被两车碾压，7分钟内，18名路人路过但都视而不见，漠然而去，最终一名拾荒阿姨陈贤妹上前施以援手，引发网友广泛热议。

北京某公司业务部经理宁健乘坐公共汽车时，因制止歹徒行窃，被扎成重伤，住院治疗费共1.7万元。他所在单位以公司不是慈善机构为由，不给报销医药费，他治病期间的工资、奖金也被扣除。四川成都青年黄健见义勇为英勇牺牲后的遭遇也使他“死不瞑目”。面对手持匕首挟持两名柔弱女青年的歹徒，不满18岁的黄健英勇而上与歹徒搏斗，献出了宝贵的生命。令人遗憾的是，他用生命救下的两名女青年及其父母对此却表现出惊人的漠然，声称：“我们又没有叫他救人，他自己要逞能，死了活该。”当地一位老人说：他们伤害的不仅是黄健一家人，而且是全社会有良知的人。

2014 年 5 月 15 日下午 5 点，杭州江干区机场路杰立大厦顶楼有一名男子欲跳楼轻生，当时正值下班高峰期，引来众多路人驻足围观。现场不少人忙于拍照，有的围观者还吹口哨，希望轻生者能转过来，给大家一个正脸。

第四，过分追逐个人私利。合理的利益追求有利于调动人们的生产工作积极性，有利于促进社会经济的进步。但是如果把个人私利当作一切行为的标准，就会造成人与人关系的冷漠与隔阂。例如，近年来盛行的医生收红包现象就极大地损害了人与人之间的友善关系。治病救人本是医生的天职，另收红包无疑会破坏正常的医患关系，使没有给红包的患者得不到医生的尽力施救。

相关链接

2009 年 10 月 30 日上午，湖北省荆州市宝塔湾岸边的沙滩上，正在打捞六天前为救两名落水少年而献出宝贵生命的大学生何东旭、方招、陈及时英雄的遗体。令人心寒的是，面对同学们的跪求，个体打捞者不仅不为所动，而且挟尸要价，一共收取了36 000元的捞尸费！

2010 年 6 月 12 日，在河北省第二届公民德行教育论坛上，来自辽宁省的医生张秀敏反省了自己拿医药回扣、收患者红包的经历，坦称“从医 18 年，我从未收到过患者的表扬信。在我真心对待患者、开始改变自己的一个月后，我就收到了两封患者的表扬信。我用真诚换得感谢和感恩，我自己也收获一份心安”。

在这些冷漠的背后，利益是推手。更有甚者，一些人膨胀的私欲让他们失去了人性中最原本的善良。为了牟取暴利，恶魔般地残害着社会以及他人的健康甚至生命。假药、假酒等各种各样的伪劣产品，小煤窑的瓦斯爆炸，地沟油、苏丹红、染色馒头、三聚氰胺，等等。这样的事情越来越多地包围着我们，让我们深深地感到，一个社会，如果缺少了友善，人的精神就会被私欲蛀空，心灵就会被腐蚀，人就成了空有躯体的无本之木，这样的人越多，社会就会变得越荒芜、越悲凉。

相关链接

假冒伪劣商品泛滥成灾，不仅坑害了广大消费者，损害了国家利益，而且扰乱了社会经济秩序，严重地危害国家经济建设和人民生命财产的安全。据有关资料报道，全世界假冒伪劣商品交易额已占世界贸易总额的5%～7%，每年高达1 500亿～1 800亿美元，是全球滋长速度最快的经济犯罪行为之一，是20世纪的工业瘟疫，成为仅次于贩毒的世界第二大公害。假冒伪劣在我国部分地区还相当猖獗。据报载，国务院发展研究中心调查结果表明，1998年我国市场上加工制造的商标标识假冒侵权商品约为1 329亿元，实际上假冒商品的销售量已大大高于走私数额，已成为阻碍社会稳定和进步的不安定因素。

第五，不爱护环境，不善待动物，也是不友善的重要表现之一。从个人层面讲，在公共场所随地吐痰、乱扔垃圾、吸烟、踩踏草坪、攀折树枝花朵、乱砍滥伐树木、不节约用水、虐待动物等，这些都是不友善的表现；从企业、政府角度讲，乱排放废水废气、不合理开发利用土地森林等资源、虐杀动物获取利益等，也是不友善的重要表现。

相关链接

20世纪80年代，朝鲜人发明了活熊取胆的方法，将黑熊囚禁在铁笼里，用一根胶管插入熊的胆囊，随用随取。这种管子最大的缺陷是容易引起伤口流脓感染，一旦感染，黑熊基本上就救不活了，于是它们被穿上“铁马甲”，以让爪子够不到伤口。被抽取胆汁的黑熊由于伤口裸露在外，不能痊愈，所以经常感染。在被抽取胆汁时，熊会疼得惨嚎，有些熊因为无法忍受抽胆的痛苦甚至做出自杀行为，把自己的腹部抓得血肉模糊。

2002年2月23日，清华大学学生刘海洋为"考证黑熊嗅觉是否灵敏"，在北京动物园用硫酸泼向黑熊，酿成惊动全国的"伤熊事件"。2005年11月，网上曝出"复旦研究生虐猫事件"。复旦研究生张某在半年内以帮忙收养小猫为由，从同学手中骗取小猫大约20只，平均9天换一只，全部挖眼后丢弃，任小猫自生自灭。此外张某还从宠物市场等渠道收集小猫虐待。2006年3月，有人在网上发布了一组虐猫视频：一位打扮入时的女子将一只小猫的脑袋用高跟鞋踩碎。2010年9月，网上又出现了一组"90后"虐猫门的组图。2013年1月5日，杭州动物园狮山，一群游客拿雪球砸非洲狮。母狮子吓坏了，和公狮子躲在一起，紧紧缩在角落，公狮的双眼一直直视游客，在游客"尽兴"离去的瞬间，公狮子怒吼一声。这些残忍的虐待动物事件经网络和媒体报道后，引发较大社会反响，人们纷纷谴责这种不文明行为，认为这是"人性的缺失、道德的泯灭和素质的低下"，大家纷纷呼吁善待动物、关爱生命。

2004年2—4月，四川川化股份有限公司将工业废水排入沱江干流水域，造成特大水污染事故，给成都、资阳等5市的工农业生产和人民生活造成了严重的影响。经农业部长江中上游渔业生态环境监测中心评估，仅天然渔业资源损失就达1 569万余元。2005年11月13日，中国石油天然气股份有限公司吉林石化分公司双苯厂硝基苯精馏塔发生爆炸，引发松花江水污染事件。2009年2月20日，江苏盐城发生水污染事件。盐城市标新化工有限公司明知在"氯代醚酮"生产过程中所产生的钾盐废水中含有有毒、有害物质，仍将大量钾盐废水排放至公司北侧的五支河内，任其流经蟒蛇河污染盐城市城西、越河自来水厂取水口，这致使2009年

2月20日盐城市20多万居民饮用水停水长达66小时40分，造成直接经济损失543.21万元。2011年6月，康菲石油中国有限公司渤海湾漏油事件曝光后，引发社会极大关注。本次漏油事件共造成渤海受污面积达840平方公里，引发了严重的海洋生态灾难。

这些不友善的现象虽然只是发生在少部分人或企业身上，但其对社会的危害却不容小觑。中国有句俗话叫作“一粒老鼠屎，坏了一锅汤”，极少数人的不友善行为可能会引发大的社会问题，因此，各种不友善的现象必须引起我们足够的重视。

一方面，爱心缺失导致社会信任困境。我们知道，在一个正常的社会中，信任是连接人与人、人与社会的重要纽带，也是社会健康良性运行的最基本、最重要的前提条件。社会信任是建立在良好的人际关系基础之上的，而良好的人际关系的建立又离不开每一个社会个体的友善行为。社会中的不友善行为达到一定的程度，就会破坏社会信任，使人与人之间普遍缺乏足够的爱心与关心，造成社会的信任危机，这极有可能引发诸多社会问题。

另一方面，各种不友善现象会降低公民对社会的价值认同。一个社会中不友善行为的泛滥，会造成社会的爱心缺失和社会道德的严重滑坡。当一个社会大量出现对他人困难无动于衷、漠视弱势群体、践踏生命尊严的不友善现象时，人们会丧失对社会的信心，甚至会对社会主义的优越性产生怀疑、对政府的执政能力不信任，从而造成社会主义信仰的缺失。

名人隽语

勿以恶小而为之，勿以善小而不为。

——刘备

三、不友善的原因

当代中国社会不友善现象的成因，既有个人道德觉悟方面的因素，也有客观的社会环境因素，大致可以归结为以下几个方面：

第一，市场经济与“道德冷漠症”。目前，我国正处在深化社会主义市场经济体制的转型时期，个人主义、物质至上主义不断解构着原有的社会价值观念，金钱关系和利益关系不断消解着本该互帮互助的社会关系，使社会逐渐患上了“道德冷漠症”。市场经济在一定程度上使每个人都在实现着自身的利益最大化，而把他人当作实现自己利益的手段。市场经济的这种以“个人利益最大化”为中心的运转模式，强化了人们的利己心，也导致人们把利益追逐的后果——资源和财富的不均衡看作理所当然的事，逐渐丧失了对弱势群体的同情心。其后果是人们将金钱作为衡量个人成就与价值的标准，从而在人际关系上以金钱多寡取人，不再友善。

第二，“陌生人社会”与传统道德文化的失落。传统社会是“熟人社会”，换言之，传统社会的人际关系是通过人们的直接交往和利益共享而形成的，在此基础上形成了人们之间的友爱、情感、信任等道德关系。现代社会则是“陌生人社会”，随着市场经济的发展，人们的交往范围逐渐扩大，人们的生活领域不再局限于传统的共同体之内，需要涉足由半熟人或陌生人组成的公共领域，甚至要置身于一个完全陌生的环境之中。这种超越熟人交往的交往方式需要公共理性甚至法律的保障，传统局限于熟人圈的美德如友善、诚信、信仰等在这里失去了约束。实际上，在现代社会中，很多人仍然习惯于“熟人社会”的交往模式，“远亲不如近邻”的观念深入人心，自觉或不自觉地区分“熟人”与“外人”，能够友善诚信地对待“熟人”，如将亲人、朋友、邻居、同事等当作自己人，对于“陌生人”

则处处设防，对其遭遇的困难采取“事不关己高高挂起”的态度，从而造成人际关系的冷漠与不友善。

延伸阅读

“熟人社会”和“陌生人社会”

“熟人社会”，更通俗地讲就是“小圈子”社会，是20世纪40年代费孝通在《乡土中国》中提出的概念，认为中国传统社会有一张复杂庞大的关系网。21世纪，随全球化与商业化而来的“陌生人社会”，在中国衍生出一套泡沫式的交友话语：店家可以将满脸横肉的女顾客称为靓女，饭局上的哥们儿与兄弟称谓，不过是约定俗成的礼貌用语。有人认为，城市越大，朋友越少。深谙“熟人社会”的潜规则，每个人只不过活在友谊虚假繁荣的“扮熟人社会”中。“陌生人社会”是随着现代经济发展而产生的一种社会现象。经济的高速发展、人们的紧张工作和生活导致都市里较近生活圈的人们之间互不关心，从而产生与传统社会的“熟人社会”概念相对的“陌生人社会”。

第三，道德教育的缺失。教育片面追求升学率，以高考为指挥棒，以获取高分为目标，造成了现代教育重知识轻能力，重认识轻情感、重教书轻育人、重科技轻人文的不良倾向，从而使教育逐渐偏离“育人”的社会功能。此外，社会媒体以经济利益为导向，过于追逐“眼球效益”，热衷于传播明星的八卦新闻，忘却了应该承担的社会责任，不注意弘扬社会正气和宣传正面道德典型，助长了社会不良风气的滋生。

第四，信仰缺失和“友善恐惧症”。在市场经济条件下，拜金主义和个人主义的盛行使人们的信仰逐渐淡薄，一切以利益为核心的导向使正常的人际交往陷入困惑，人们逐渐患上“友善恐惧症”。以前人们以做好事为荣，现在人们发现做好事往往会带来麻烦，近年来发生的做好事反被讹的负面事件，极大地引发了人们的道德焦虑，使社会信任遭受严重危机，极大地助长了不友善现象的发生。

相关链接

2006年11月20日早晨，南京老太徐寿兰在南京水西门广场一公交站台等车时，被撞倒摔成骨折。老太指认撞人者是刚下车的小伙彭宇，彭宇表示自己是无辜的。法院最后判决彭宇给付受害人损失的40%，共45 876.6元。此案引发极大的社会争议并轰动全国。2008年3月，南京彭宇案双方当事人在二审期间达成了和解协议，最后案件以和解撤诉结案，且双方当事人对案件处理结果都表示满意。

据《重庆晚报》报道，2009年11月14日，重庆初二学生万鑫扶起摔倒的老人，但老人及其子女称万鑫是肇事者，起诉并要求其父母赔偿。一审时多人证明少年清白，法院驳回老人诉讼请求，老人不服上诉。二审开庭这天，老人撤诉。万鑫自此变得沉默寡言，哭问父母："你们不是说要助人为乐吗?"父母听后无言以对。

2013年6月15日，四川省达州市城区正南花园附近，65岁的蒋婆婆摔倒在地，大腿根部粉碎性骨折。蒋婆婆称3名小孩将自己撞倒，小孩及其家长则称3个孩子主动搀扶老人被诬陷。双方各执一词争执5个多月后，最终小孩家长向派出所报案。11月22日，警方查明老太太及其儿子的行为属于敲诈勒索行为，并判处蒋婆婆行政拘留7日，因蒋婆婆已满70周岁，依法决定不予执行；其子龚某行政拘留10日，罚款500元。这起案件成为我国首起因讹诈受到行政处罚的案件。

第五，追求GDP指标与生态失衡。近年来，在过度追求GDP增长的背景下，一些地方急功近利，片面地追求经济增长和物质生活的提高，无节制地破坏自然，使生态平衡遭受了严重的破坏。

四、中国梦的实现需要友善

2012年11月29日，新一届中央领导集体在国家博物馆参观《复兴之路》展览，习近平总书记在发表重要讲话时提出了中国梦。何谓中国梦？实现中华民族的伟大复兴就是中国梦。这个梦想，凝聚和寄托了几代中国人的夙愿，体现了中华民族和中国人民的整体利益，是每一个中华儿女的共同期盼。中华民族历来崇尚精神建设，注重用价值观来实现凝聚和引领。党的十八大报告明确提出“三个倡导”：“富强、民主、文明、和谐”反映了中国梦的实现道路——中国特色社会主义，中国梦体现了这条道路的理想目标；“自由、平等、公正、法治”反映了中国梦的社会属性——社会主义性质，中国梦体现了这一属性的价值追求；“爱国、敬业、诚信、友善”反映了中国梦的实现主体——公民的德性和品格，中国梦体现了实践主体的精神共识。友善作为社会主义核心价值观对公民个人提出的要求和准则，蕴含着中国传统文化的价值精髓，凝聚着社会主义新时期的道德精华。践行诚信友善之德，圆梦文明和谐中国。中国梦不仅需要民族复兴、国家强大，也需要完善自我、幸福家庭的文明和谐。

中国梦的实现需要全国人民的共同奋斗，这就需要全国人民团结一心，而人民之间的团结则有赖于人与人之间的友善，友善是团结的基础。为了实现团结友善，我们首先要学会尊重他人，只有尊重他人才能与他人建立友谊，实现社会合力和共同奋斗的意愿，产生集体主义和爱国主义的意识。以大欺小、恃强凌弱的做法不仅实现不了团结，反而会制造仇恨，造成社会的分裂与动荡。我们还要学会宽容，做到“严于律己，宽以待人”。宽容是友善的核心特征之一，在现实生活中没有人是完美的，我们要正确看待他人的缺点，宽容别人的过失，只有这样才能团结和联合周围的人，为实现共同的理想而奋斗。谦虚也是友善的表现之一，是人与人之间和谐相处的基础。谦虚能够使人取他人之所长，补自己的短处，由此做到扬长避短，完善自己。更重要的是，一个人只有谦虚谨慎才能做到不高高在上，才能与他人友善平等地共处。这样，才能够团结他人，抛开个人眼前的利益，为了祖国和人民的共同利益而团结一心，为了实现伟大的中国梦而努力奋斗。

中国梦是每一个中国人的梦，我们要想实现美好的未来，必须投身于祖国这个大家庭中，共同努力、共同奋斗。团结是克服困难的最好方法。常言道：众志成城；天时不如地利，地利不如人和；人心齐，泰山移。团结是求同存异、优势互补。维护团结，需要正确处理好竞争与相容的关系，而不是无原则的一味迁就和忍让。一味迁就和忍让，不是团结，而是纵容。

经典论述

团结一致，同心同德，任何强大的敌人，任何困难的环境，都会被我们战胜的。

——毛泽东

为了达到伟大的目标和团结，为此所必需的千百万大军应当时刻牢记主要的东西，不因那些无谓的吹毛求疵而迷失方向。

——恩格斯

名人隽语

一滴水只有放进大海里才永远不会干涸，一个人只有当他把自己和集体事业融合在一起的时候才能最有力量。

——雷锋

人们在一起可以做出单独一个人所不能做出的事业。智慧、双手、力量结合在一起，几乎是万能的。

——韦伯斯特

> 一切使人团结的是善与美，一切使人分裂的是恶与丑。
>
> ——列夫·托尔斯泰

中国梦从内容上讲不仅包含国家的富强、民族的复兴，也包括一个充满爱的友善的社会，即人与人、人与自然关系的和谐。当前中国的道德失范问题，友善缺失、诚信缺失、公德失范，时刻提醒着我们要努力塑造友善的社会道德风尚。

一个和谐友善的社会，必然是一个充满诚信、友善互助的社会。只有人与人之间做到真诚与友善，才能打造出社会和谐文明的循环。长期以来，“毒奶粉”、“地沟油”、“胶面条”、“瘦肉精”、“假鸡蛋”等伤害了人们之间的信任。但“信义兄弟”孙东林、良心“油条哥”刘洪安、诚信“鸡蛋哥”任庆河、“诚信彩票姐”陈小玲等一个个道德模范和身边好人的出现，为人们带来了一场道德的盛宴，他们身上闪耀着信义与担当的光芒，涌动着善意，滋润着人们的心田。常怀诚信之心，就能与他人长久而友善地相处，而一份友善之情，能让人间充满真情，让社会更加和谐。“希望工程”、“母亲水窖”、“送温暖”、“三关爱”等活动持续开展，“板凳妈妈”许月华、卖羊肉串的平民慈善家阿里木、邓州“编外雷锋团”等助人为乐的模范个人及群体，让友善美德发扬光大。他们用自己平凡的举动，让贫病幼弱者感受到社会的温暖；用包容世界的心，让爱与付出成为社会和谐的主旋律，在全社会产生了巨大的凝聚力。榜样的力量无穷，典型的辐射广袤。跟随着向上的力量，让我们一起来践行诚信友善的美德，诚信做人、友善待人。因为，“富强、民主、文明、和谐”的中国梦，来源于每一个人的努力；有了点滴的积累，文明和谐才能落地生根、开花结果。千万人的诚实守信，能提升全社会的道德水平；千万人的友善互助，能传递人间的大爱大善；千万人对幸福的不懈追求，能成就社会的和谐幸福。人人都有义务让诚信、友善的美德渗透到每一天每一刻、显现于每一个具体的行为举止上。

中华民族是一个大家庭，过去的历史业已证明，中国之所以会贫穷落后、任人宰割，一个重要的原因就是人与人之间的冷漠与不团结。俗话说，一人拾柴火不旺，众人拾柴火焰高；一人难挑千斤担，众人能移万座山；一花独放不是春，百花齐放春满园。

名人隽语

假定人就是人，而人同世界的关系是一种人的关系，那么你就只能用爱来交换爱，只能用信任来交换信任。

——马克思

任何一项事业背后，必然存在着一种无形的精神力量。

——马克斯·韦伯

能用众力，则无敌于天下矣；能用众智，则无畏于圣人矣。

——孙权

我们的干部来自四面八方，都各有本领。我没有什么本领，工作都是靠大家，如果说有一点本领的话，那就是会团结。

——李克农

不管努力的目标是什么，不管他干什么，他单枪匹马总是没有力量的。合群永远是一切善良思想的人的最高需要。

——歌德

中国梦也是生态文明的中国梦，生态文明的实现要求人对自然的友善。长期以来，人们乱砍滥伐树木，乱扔垃圾，乱排放污水废水，乱排废气，乱开发土地，造成了天空布满阴霾、河水臭气熏天、水土流失、土壤沙化、资源枯竭、气候变异、生态失衡，甚至威胁着人类自身的生存。

因此，当代中国的生态文明建设的成败，已经关系到中国梦能否顺利实现。一个强大的中国，不仅需要人与人关系的和谐，也需要人与自然关系的和谐。在这种背景下，传统的“征服自然、改造自然”的思维模式必须彻底转变，如何善待自然、尊重自然、爱护自然就成为当代中国人必须思考面对的重大课题。

相关链接

党的十八大报告明确指出，生态文明建设要优化国土空间开发格局，全面促进资源节约，加大自然生态系统和环境保护力度，加强生态文明制度建设，努力走向社会主义生态文明新时代。

党的十八届三中全会审议通过的《中共中央关于全面深化改革若干重大问题的决定》提出："建设生态文明，必须建立系统完整的生态文明制度体系，实行最严格的源头保护制度、损害赔偿制度、责任追究制度，完善环境治理和生态修复制度，用制度保护生态环境。"

实现中华民族伟大复兴是中华民族的中国梦，它不是部分人的梦想而是中华民族的伟大理想，中国梦的最终目标就是要全国人民都过上幸福美满的生活，就是要实现国家的"富强、文明、民主、和谐"。只有我们每一个人都能够做到友善对待他人、社会和自然，实现中华民族伟大复兴的中国梦才能真正得以实现。

实现中华民族的伟大复兴，实现亿万人心中的中国梦，离不开伟大精神的支撑，离不开人人向善的精神的塑造。

第四章

践行友善自我行

我们对任何价值观的认识都不应该仅仅停留在对其理论的阐述上，还必须将这一价值观在日常生活和工作中付诸实践。实际上，任何价值观都必须坚持理论与实践的有机统一，友善这一价值观也不例外。

一、心怀善念，克己立人

（一）友善之心源于善念

要想做到对他人的友善，首先要做到心怀善念。一个心怀善念的人会时刻想着关心别人，帮助别人，而不图任何回报。在帮助别人之后，他也会把友善的种子播撒在那个被帮助的人心中，让爱心在全社会传播，使更多的人心怀善念，帮助更多的人。既然善念和爱心是可以传播的，那么践行友善就应当从我做起，从现在做起。

延伸阅读

霍华德·凯利医生的故事

一个贫穷的小男孩为了攒够学费正挨家挨户地推销商品。劳累了一整天感到十分饥饿，他摸遍全身，却只有一块钱。怎么办？他决定向下一户人家讨口饭吃。当一位女孩打开房门，看到他很饥饿的样子，就拿了一大杯牛奶给他。当小男孩想付给她一块钱表示感谢的时候，女孩回答道：“不用，妈妈教导我们，施以爱心，不图回报。”数年之后，那位已长大了的女孩得了一种罕见的重病，当地的医生对此束手无策。她被转到大城市医治，由专家会诊治疗，而当年的那个小男孩如今已是大名鼎鼎的霍华德·凯利医生了，他也参与了医治方案的制定。当看到病历上所写的病人的来历时，凯利医生认出了病人就是那位曾帮助过他的女孩。凯利医生要求把医药费通知单送到女孩手中，女孩很害怕，因为她确信，治病的费用将会花去她的全部家当。而她翻开医药费通知单的时候，却惊讶地看到上面赫然写着："医药费＝一满杯牛奶。霍华德·凯利医生。"

恻隐之心，人皆有之。也许我们并不富足，也许我们自己也有许多这样那样的不如意，也许我们并不是生活中的强者，但是我们的身边总会有很多弱者，有很多需要我们帮助的人，相比之下，我们是幸运的，幸福的。我们在生活中、工作中，常常会遇到需要帮助的人，我们的一个微笑可以给予他们莫大的鼓励，一句温暖的话语可以唤起他们心底的信念，一次举手之劳的帮助可以使他们远离危险，一点微薄的捐助可能改变他们的一生。可是，很多时候，我们面对别人的挫折或不幸，以种种借口漠然视之，且心安理得。此时的我们其实失去了人生中一大快乐。其实，生活中又有谁的人生会永处顺境？很多时候，别人今天的遭遇也许我们明天就无法躲闪。今天你对他人多一份理解和宽容，其实就是在支持和帮助明天的自己，善待他人就是善待自己。"送人玫瑰，手有余香。"善待他人，与他人建立友好合作的关系是人们寻求成功的过程中应该遵守的一条基本准则。

随着社会分工的日益细化，当今社会是一个高度合作化的社会，合作是时代发展的必然趋势。从历史角度来看，合作让人类不再畏惧自然，告别茹毛饮血，相反地，对土地、人口和生存空间的一味争夺让流血和屠杀的惨剧一次次上演。合作的存在是社会分工细化的要求和结果，也是推动社会分工进一步合理化的重要依据，而竞争，尤其是不以合作为前提的恶性竞争最可能导致的结果是弱肉强食，这与我们当今社会提倡的经济、政治、精神文明的要求，与国际经贸全球化和国际社会多极化发展趋势无疑都是相悖的。在当今这样一个需要合作的社会中，人与人之间的交往非常重要，一旦人际关系处理得不好，工作和生活就会很不顺利，甚至有些人还会遭到冷落，会遇到意想不到的困难，所以人们需要互相理解、宽容和关爱。只有在人与人之间建立一种彼此善待、高度互动的关系，才能形成合作共赢的局面。但是，现代社会的很多人心胸狭窄，见利忘义。甚至有的人总想让别人对自己好，自己却不会关爱别人，对别人好。事实上，当今世界是一个互动的世界。只有我们善待别人，善意地帮助别人，才能处理好人际关系，从而获得他人的愉快合作。

孟子曾经说过："君子莫大乎与人为善。"在生活中我们可以发现，那些慷慨付出、不求回报的人，往往容易获得成功；那些自私吝啬、斤斤计较的人，不仅找不到合作伙伴，甚至有可能成为孤家寡人。

（二）友善待人要乐于善待他人

人的本质是社会关系的总和，任何人都不可能孤立存在于社会之中，人们必然要以相互联系的方式而存在。人的生活本身就是在与他人的相互交往中构成的。现实生活常常会给人带来喜悦或烦恼、幸福或悲伤、顺利或困难、成功或失败，无论处于何种境地，人都需要别人给予相应的理解和关心。关心他人，就是要求人们善于理解他人的处境、他人的情感和需要，随时准备从道义上去支持别人，从行动上去关心帮助别人。比如，当朋友遇到困难的时候主动伸出援助之手；尊重他人，不去探究他人的隐私，不在背后议论他人；善于和别人沟通、交流，善于和那些与自己兴趣、性格不同的人交往；承认别人的价值，负起自己该负的责任……总的说来，善待他人最重要的原则就是"己所不欲，勿施于人"。凡事要从对方的角度来考虑，遵从这个原则，就能做到善待他人，进而获得许多好朋友、好伙伴。

名人隽语

土扶可成墙，积德为厚地。

——李白

希望被人爱的人，首先要爱别人，同时要使自己可爱。

——富兰克林

（三）友善待人还要学会善待他人

有人说良好的人际关系不单单是行动上做出来的，更是从心底里“流”出来的。这句话告诉我们：在人际交往中要以诚待人，用心和他人交往。有的人非常渴望友谊，但他们却不肯为此付出诚意；有些人甚至把“我行我素”、“特立独行”当成座右铭。这样的做法非但不能使自己获得别人的信任和支持，反而更容易给自己增加痛苦和孤独感，那么怎样才能建立和谐的人际关系，获得他人的友谊与帮助呢？要对他人友善，还要乐于助人，甚至有时需要贡献和牺牲自身的利益。与人交往，需要诚意，这种诚意不仅是单纯的善心，更不应仅仅表现在巧言令色上，它需要付出物质利益或精神支持。当双方都能彼此谦让，通过利益的付出向对方表达自己的诚意时，必定能被对方所感知、认可，最终实现关系的和谐。

延伸阅读

六尺巷的故事

清朝时，安徽桐城有一个著名的家族，父子两代为相，权势显赫，这就是张家张英、张廷玉父子。

清康熙年间，张英在朝廷当文华殿大学士、礼部尚书。老家桐城的老宅与吴家为邻，两家府邸之间有块空地，供双方来往交通使用。后来邻居吴家建房，要占用这个通道，张家不同意，双方将官司打倒县衙门。县官考虑到纠纷双方都是官位显赫、名门望族，不敢轻易了断。在这期间，张家人写了一封信，给在北京当大官的张英，要求张英出面干涉此事。张英收到信件后，认为应该谦让邻里，给家里回信中写了四句话：千里来书只为墙，让他三尺又何妨？万里长城今犹在，不见当年秦始皇。

家人阅罢，明白其中意思，主动让出三尺空地。吴家见状，深受感动，也主动让出三尺房基地，这样两家之间就形成了一个六尺的巷子。两家礼让之举和张家不仗势压人的做法传为美谈。

（四）友善待人要勇于克己为人

所谓克己，是指一种自我克制、自我约束能力的培养。对于这种方法，孔子曾这样说："克己复礼为仁。一日克己复礼，天下归仁焉。"就是说，每个人都应克制自己不正当的欲望、冲动情绪和不正当的言行，自觉遵守社会的道德原则、规范，只要能做到这些，天下的人都会认为你是仁人了。对于应如何克己，孔子有更具体的表述："非礼勿视，非礼勿听，非礼勿言，非礼勿动。"由此可见，孔子认为只有在视、听、言、行各个方面都使自己的举动符合礼的规定，才算是达到了克己。孔子在他的言谈中多次对感情用事、不能克制冲动的鲁莽行为给予批评。孔子认为由于不能克制自己的冲动情绪而做出伤害自己和亲人的蠢事，是非常不明智的。克己在孔子倡导的诸多美德中是十分重要的，他认为，这种美德能否被人们很好地执行，不仅关系到个人修养目标的实现，也关系到人际交往的和谐和理想的大同世界的实现。

现代社会各种各样的诱惑对人们的精神世界产生了巨大的冲击，人们越来越以"为我"作为自身生存的出发点和归宿。事实上，很多圣贤早就论述过作为人必须要克己才能达到完美人格的最高境界——仁。只有克己才能在与他人的交往中实现最大限度的求同存异，共同发展。相传，舜的母亲去世以后，他的父亲又娶了一个妻子。舜的父亲、继母、继母生的弟弟都不喜欢舜，时不时地挑刺、找碴。可是，每一次，舜都先是躲起来，然后再出现，然后对待家人更加友善、谦恭、有礼。面对家人的百般刁难，舜十分大度，不计小怨，更没有得理不饶人，而是努力化干戈为玉帛。正是因为他的友善，加上才能，才让尧下定决心禅位于他。在追求成功的过程中，任何人都离不开他人的合作。尤其是在现代社会，想获得成功，就必须想方设法获得周围人的支持和帮助。只有你真诚地对待别人，别人才会与你真诚合作。善待他人实质上就是善待自己。

调查表明，善良的人更乐观向上，喜欢微笑，他们胸怀广阔，更易挺过不幸。这样的人总是以善良之心去待人、处世，自然也会使自己的人际关系和谐融洽，大大增强自身的幸福感。不善良的人则因为常对人怀有恶意，斤斤计较，长期如此会损害身心健康，让心情总处于郁闷状态，从而影响生活质量和寿命。搬开别人脚下的绊脚石，往往也是为自己铺路。人生最大的快乐莫过于助人行善，助人行善就是友善价值的体现，是人性闪烁的光芒，是人类生生不息的源泉。生活中，我们多存一点善念，多行一些善举，以感恩的心面对人生，不要错过每一次帮助别人的机会，人生一定会更精彩！

延伸阅读

孙泰克己为人的故事

孙泰是山阳人，年轻时师从皇甫颖，志行品德很有古代贤人的风范。

孙泰娶的妻子是他姨母的女儿。之前，姨母年纪大了，把两个女儿托付给孙泰，说："姐妹俩中，姐姐一只眼睛有毛病，你可以娶妹妹。"姨母去世后，孙泰娶了姨母的长女。有人不解，问起这件事，孙泰说："她眼睛有毛病，要不嫁给我就嫁不出去了。"众人都佩服孙泰的义气。

孙泰曾经在集市遇见一座铁灯台，把它买了下来，叫人洗刷，原来是银制品。孙泰赶忙去还给卖主。

唐僖宗中和年间，孙泰计划在义兴安家，买了一座房子，得用两百贯钱。付了一半钱后，孙泰就前往吴兴郡游览，约定回来后就到新买的房子去。过了两个月，孙泰回来，停船步行，又把其余的购房款交给房主，让他搬迁到别处。这时，孙泰看到一个老妇人在痛哭。孙泰听了心里惊悸，就把她叫过来问话。老妇人说："我曾经在这里侍奉过公婆，子孙不成材，房子成了别人的了，所以我才伤心。"孙泰怅然失意了很久，就哄她说："我刚好收到政府的公文，已经给我另外任命了官职，不能住在这里了，这个地方先让你的儿子掌管吧。"说完，孙泰就解开船绳坐船离去，不再回来了。

二、尊重理解，有容乃大

大千世界五彩缤纷，人的性格也多种多样，每天，我们都会与父母、同学、老师、家人甚至是陌生人发生一定的联系，那么我们应该如何与有着不同个性的人友好相处呢？要学会与他人相处，必须要善待他人，而尊重和理解不同身份、地位、背景的人是人与人友好的基础。

（一）理解他人才能获得理解

孔子提倡人要做到仁、义、礼、智、信，这告诉我们做人的基本原则是自身修养好、懂得尊重别人、讲礼貌、讲诚信。生活中，尊重别人的人才会受到尊重。因此，只有懂得尊重别人的人才是有智慧的人。一个真正懂得尊重他人的人，必然会以平等的心态、平常的心境去面对所有人。

每个人都有自己的独立个性，都希望得到别人的尊重和理解，但别人的尊重和理解必然是建立在你对别人充分理解的基础之上的，假如你真诚地理解别人，你会发现你得到的理解远比付出的多得多，而只希望别人理解自己，不理解别人的人，永远不会如愿以偿。一位作家曾经说过，被别人尊重是幸福，能够尊重别人则是更大的幸福。要想做一个幸福的人，就要懂得尊重别人，而尊重又是相互的，当你主动尊重别人，给人以真诚、温暖与鼓励的时候，别人也将用同样的方式对待你。懂得尊重他人，是为人的高尚品质。尊重和理解是一座桥梁，是连接人与人之间心灵的捷径，它可以使人与人之间的所有隔阂变成通途。孩子理解父母真心的爱，能给家庭带来无限的温馨和享不尽的天伦之乐，同学、同事之间相互尊重、理解，会给集体带来勃勃生机，增强集体的凝聚力。学会尊重，你就进一步理解了“己所不欲，勿施于人”的深意；学会理解，你就会懂得，尊重就是己欲食而食人，己欲衣而衣人，就是推己及人，老吾老以及人之老，幼吾幼以及人之幼。学会理解和尊重，伤害别人时道歉，受惠于人时感激，坐车时给老人让座，走路时给行人让道，讲点公德，讲点礼貌，你就是一个高尚的人。理解别人就是尊重自己。自尊自爱，请从尊重和理解别人开始。俗语云：你敬我一尺，我敬你一丈。当你学会了理解尊重别人，你就会发现，自己已经是一位被人理解、受人尊重的君子。

（二）勇于反省自己才能赢得尊重

在人与人的关系中，孔子说：“君子求诸己，小人求诸人。”这句话的意思是，作为一个君子，要先从自身找原因，严格要求自己，而不能专对别人吹毛求疵。人与人之间交往，由于彼此的经历、个性等原因出现矛盾是必然的，在与人交往中自己要先做好，要先从自己做起，而不能老是指责别人。要做到友善待人，实现人际关系的和谐就必须要多看他人的长处，反省自己的短处。一个人如果总是自以为是，是不可能做到待人友善的。人无完人，任何人都不可能没有一点毛病，做事也不可能永远正确。这一点对别人适用，对自己也同样适用。一个人如果能想到这一点，那么在与人交往时，对于别人的某些缺点和错误就会有宽容之心，不必事事都斤斤计较。很多人好胜心较重，当与他人发生矛盾时，不着重检查自己，而是一味地找别人的问题，这就是缺乏理解和宽容的表现。一个人如果能记住这一点，在与人交往时，就会时常反省，看看自己有什么做得不好的地方，从而对自己更加严格要求。严于律己、宽以待人，就容易做到团结友善。

（三）有容乃大才能得到广泛的认可

对人尊重理解、待人友善，说起来简单，真正做起来并不容易。一个人可以对朋友、家人尊重，但对于陌生人却往往不然；我们对朋友、家人友善，对敌人和对手往往不然。对人的尊重与理解必须是发自肺腑、平等真诚的。当我们懂得对别人尊重，凡事多站在对方的立场上考虑，就会理解别人的做法与行为，进而也会得到别人对自己的尊重和理解。

延伸阅读

曼德拉：胸襟博大的解放者

曼德拉于1918年7月18日出生在南非特兰斯凯一个大酋长家庭，曾为反种族歧视入狱27年，出狱后于1994年至1999年任南非总统。1993年，曼德拉获诺贝尔和平奖。2009年11月10日，第64届联合国大会通过决议，自2010年起，将每年曼德拉生日的那一天，定为“曼德拉国际日”，以表彰他为和平与自由作出的贡献。我们从这位伟人身上究竟可以学到什么呢？

曼德拉先后待过三所监狱，在服刑期间他仍然对生活、对前途充满希望。曼德拉获释时已是72岁高龄的老人。出狱才半个月，曼德拉就来到黑人暴力冲突最严重的德班。他呼吁黑人把互相残杀的刀枪扔到海里去，加强团结，实现和平。他动情地说："在这场争斗中，每一个家庭都失去了亲爱的人。在我被囚禁的最后几年里，我最大的心病、最深的痛苦是听到在纳塔尔的人民中间发生的这种可怕的事情。在你们遭受痛苦的时候，我的职责是提醒你们不要忘记今天所负的责任。如果我们不停止这场冲突，我们将处于毁掉我们斗争的可贵成果的巨大危险之中。"即使对残酷对待他的敌人，曼德拉也体现了博大胸怀。他呼吁黑人"将武器扔到海里去"，而不要"将白人扔到海里去"。当选总统后，曼德拉并未采取大规模打击报复的政策。他对过去的敌人大多宽容、饶恕。他的一生正是博大胸怀的写照。

在总统就职仪式上，曼德拉起身致辞欢迎他的来宾。在介绍了来自世界各国的政要后，他说最令他感到高兴的是，当初看守他的3名前狱方人员也能到场。他邀请他们站起身，然后向在场的嘉宾们一一介绍。曼德拉博大的胸襟和宽宏的精神，让所有到场的人肃然起敬，也让南非那些残酷虐待了他27年的白人汗颜。曼德拉缓缓站起身来，恭敬地向3个曾关押他的看守致敬。在场的所有来宾以至整个世界，都安静了下来。

曼德拉曾在自己的自传中记述了他获释出狱时的心情——"当我走出囚室，迈出通往自由的监狱大门时，我已经清楚，自己若不能把悲痛与怨恨留在身后，那么我其实仍在狱中"。

胸襟博大的人的思想不会被禁锢在狭小的怨恨之中。因而，他具有一往无前的力量。

三、协调合作，达人成己

友善是社会主义核心价值观提出的对公民个体层面道德的基本

规范之一。友善作为公民道德规范，基本内容是友好、友谊、友情、善良、善意、与人为善等。每一个公民，都是中华民族这个大家庭中的一员。因此，公民之间应该团结合作，应该友善待人，建立起和睦亲爱的关系。公民之间实现友善，人与人才能协调合作共同生存，在彼此团结的社会关系中人们才能实现达人成己，建构一个和谐的社会。

(一) 友善是人们实现协调合作的基础

大雁有一种合作的本能，它们飞行时呈人字行。因为为首的大雁在前面领路，能帮助它两边的雁，形成局部的真空。科学家还发现，雁群以这种形式飞行，在一定时间内要比单独飞行多飞出 12％的距离。这些大雁飞行时，还会定期变换领导者，大家轮流做头领。大雁飞行的例子实际上揭示的是一个既浅显又深刻的道理，和谐合作可以产生1＋1＞2 的效果，“人”字的结构，就是互相支撑。就是说一个由相互联系、相互制约的若干部分组成的整体，经过优化设计后，它的整体功能能够大于部分之和，产生 1＋1＞2 的效果。据统计，在诺贝尔奖项项目中，因协作获奖的占 2/3 以上。在诺贝尔奖设立后的头 25 年，合作奖占 41％，而现在则占到 80％。每个人都是生活在一定的人群和组织中的，因而不可能不与他人打交道。人的社会性决定了人要与形形色色的人合作和相处，因此每一个人都必须学会如何与他人和谐合作与相处。

人的生存、社会的发展需要人与人之间的协作，这是无可争议的，关键的问题就在于人与人之间如何实现协调合作。生活的经验告诉我们，对他人友善的人必然会得到他人的友善，对他人敌视的人也必然会受到他人的敌视，当人与人之间都能友善相处、真诚相待时，社会人际关系将实现和谐。人与人之间的友好和谐相处能带来团队的协同合作，能使个体的力量形成合力，完成预定目标。当今时代，分工合作已成为企业中工作方式的一种趋势，被越来越多的管理者所提倡利用，如果我们在工作与生活中能通过和谐的合作、友好的相处，把复杂的事情变得简单，把简单的事情变得容易，高高兴兴地相处，圆圆满满地合作，那么，我们做事的效率就会更高，前进的脚步就会更快。在家庭、单位、社会中，你是这其中的成员之一，在现代社会，学会与人和谐合作、友好相处，是人生的关键一课，是在社会上立足的重要本领。

个人如此，国家亦然，人们之间是否团结友善不是只关系个人生活的小事，还是关系民族和国家兴衰存亡的大事。当年秦灭六国就是利用了六国不团结、不合作的这个弱点，将其逐一攻破的。故苏洵在《六国论》中总结道："灭六国者，六国也，而非秦也。"秦始皇用其远交近攻之策，而六国君主只顾自己的利益，却没想到正中秦人下怀。友善相处、团结协作是我们伟大的中华民族珍贵的精神财富之一。"众志成城"，"二人同心，其利断金"，"天时不如地利，地利不如人和"，我国人民几千年流传下来的这些赞颂团结的格言警句，记载着无数团结互助、坚定自强的动人故事。我国人民从亲身经历中深刻体会到：团结合作，是克敌制胜的法宝，是我国的各项事业取得成功的基本保障，而友善则是实现合作的基础。历史和现实告诉我们：团结友善则兴，不团结友善则衰；团结友善则存，不团结友善则亡。全体人民的幸福、中华民族的复兴、社会主义现代化建设的成功，都需要全体中国公民加强团结，友善相处。

（二）实现友善合作的路径

如前所述，在友善基础上的协调合作无论对人们自身的发展还是对国家、社会的进步都很重要，那么如何做到友善合作呢？

一是要做到"己所不欲，勿施于人"，自己所不愿意要的，不要强加于人。这句话所揭晓的是处理人际关系的重要原则。孔子所言是指人应当以对待自身的行为为参照来对待他人。人应该有宽广的胸怀，待人处世切勿心胸狭窄，而应宽宏大量，宽恕待人。倘若自己所不欲的，硬推给他人，不仅会破坏与他人的关系，也会将事情弄得僵持而不可收拾。人与人之间的交往确实应该坚持这种原则，这是实现友善待人的体现。我们在与人交往的时候就要做到推己及人；自己希望得到尊重，就要想到别人也会希望受到尊重；自己希望生活得幸福，就要想到他人也希望生活得幸福；自己希望得到他人的理解，就要想到他人也希望得到理解。总之，从自己的内心出发，推及他人，去理解他人，善待他人。“己所不欲，勿施于人”简单地说就是推己及人，它和中国民间常说的将心比心，设身处地为别人着想等，指的都是一个意思。有人说：“播种一个善行，你会收获一个善果；播种一个恶行，你会收获一个恶果。”如果你希望得到别人友善的相待，请你先友善待人，在工作中、生活中多从他人的立场上来想问题、做判断，当你时时事事为他人着想时，必然会换来他人的善意回报，何愁人际关系不协调，双方合作不融洽呢？

二是要做到“立己达人”。人在本质上并不是一个孤立的抽象存在，而是一个现实的社会性存在物。也就是说，每一个人总是处在一定的社会关系之中，每一个人都不可能在真正意义上脱离他人和社会而独立存在。实际上，他与其他社会成员的关系已经是“一荣俱荣，一损俱损”的关系。因此，我们必须把自己的成功与他人的成功和集体的成功联系在一起，不能为了一己之私而损害他人和社会的利益。

延伸阅读

“立己达人”的渊源

“己欲立而立人，己欲达而达人”是孔子的一个重要思想，也是实行“仁”的重要原则。如果能够“推己及人”，也就做到了“仁”。儒家道德修养中用于处理人际关系的重要原则是忠恕，忠恕要求根据自己内心的体验来推测别人的思想感受，达到推己及人的目的。“恕”是由孔子最早提出的，并为“恕”下过这样的定义：“其恕乎！己所不欲，勿施于人。”（《论语·卫灵公》）这是孔子在回答子贡的一个提问时说的。子贡的问题是：“有一言可以终身行之者乎?”（有没有可以终身奉行的一句话?）孔子在《论语·雍也》篇中还说过：“夫仁者，己欲立而立人，己欲达而达人。能近取譬，可谓仁之方也已。”这里的“己欲立而立人，己欲达而达人”和“己所不欲，勿施于人”是儒家为人处世准则一个问题的两个方面，前句是从“欲”的角度来讲，后句是从“不欲”的角度来讲，这两个方面不存在感情色彩的问题，更不存在对立，有机不可分地统一在一起，完整组成了儒家的一条道德准则。

三是要明白“人和万事兴”的道理。任何事业的成功，都需要“人和”，所谓“天时不如地利，地利不如人和”。因此，荀况说“民齐者强”，孙武说“上下同欲者胜”，刘伯温说“万夫一力，天下无敌”。对于个人而言，团结互助同样重要。常言道：一个篱笆三个桩，一个好汉三个帮。每个人在工作和生活中都离不开他人的帮助，而团结互助产生的友爱更是人生旅途中温暖人心的甘霖。人是一种情感动物，亲情、爱情之外，友善合作是不可或缺的。“羊左缘衣裘而传唱千古，管鲍因相位而流芳百世”，就是友爱的典型。埃及的金字塔不是一人建造的，它是亿万埃及人民汗水的总和。中国的万里长城不是一人筑起的，它是无数华夏儿女血肉的总和。一个人的力量是多么微乎其微，但是无数人的力量筑起世界两大奇迹，因此我们可以肯定地说：“和”可以产生力量，可以令人们友好和谐、令国家变得强大。作为社会主义公民，我们任何时候都要彼此友善、搞好合作，摒弃自私自利的极端个人主义，关心人，尊重人，理解人，帮助人，把每个人的力量都激发出来，心往一处想，劲往一处使，求同存异，同舟共济。当今社会固然是一个鼓励竞争的社会，但这并不意味着对合作互助的排斥。事实上，建立在友善基础上的合作互助，更有利于良性竞争的形成，更有利于社会的发展与进步。

四、爱护环境，持续发展

根据“天人合一”的思想，人还要把友善推及自然之物，这叫万物一体之爱。这种万物一体为仁的境界才是先秦儒家为“君子”、“圣人”理想人格模式设计的最高境界。也就是说，友善不仅体现在人与人、人与社会之间的相互关系上，更应该体现在人与环境的相互关系中。

（一）“天人合一”的历史渊源

人类的祖先曾经那样敬畏自然，以至于用最崇高的礼仪祭祀天地，企望与自然之间实现和平相处。古代人由于知识的匮乏，不了解自然现象，对自然产生了畏惧心理，由此许多部落也产生了自然崇拜。亚里士多德在《物理学》中把自然界定为：“自然”是它原属的事物因本性（不是因偶性）而运动和静止的根源或原因。在中国传统文化看来，人是自然的一部分，人就在自然之中。中国古代“天人合一”的理念把整个宇宙都描述为一个有秩序的体系，人只是其中的一部分。从这个意义上讲，自然本身就包含了人。《道德经》指出：“人法地，地法天，天法道，道法自然。”人被排在这个取法学习之链的最末端，可见古人对自然怀着一种极其崇敬的心情。庄子主张，“牛马四足，是谓天；落马首，穿牛鼻，是谓人”，也从朴素的角度点明了过度人为是对自然的戕害。在中国历史上有不少关于敬畏自然、崇敬自然的论述，在先秦时期，《易经》就提出了模仿自然、学习自然的观念，认为自然是人类的导师，天地是人类的父母，君子不仅要自强不息，还要厚德载物。孟子也认为，君子要“仁民爱物”。汉代的董仲舒认为，爱物是仁民的逻辑发展和内在要求，“质于爱民，以下至鸟兽昆虫莫不爱。不爱，奚足以谓仁?”因此，有仁爱美德的人必然会“鸟兽昆虫莫不爱”。宋明时期的儒家更是系统地阐发了其“天人合一”的思想。例如，宋代的张载提出了以天地为父母、以万物为同胞的思想:“乾称父，坤称母……民吾同胞，物吾与也。”儒家思想的集大成者朱熹认为，自然是一个生生不息的有机体，是生命和价值的根源。作为自然的产物，人应当排除狭隘的私念，把仁爱之心推广到所有的存在物身上去:“唯仁然后与天地万物为一体。”除了在思想上强调敬畏自然之外，中国古代还规定了具体的措施来保护自然。例如，先秦时期的《礼记·月令》就规定，孟春之月禁止伐木，不能打翻鸟巢，不能杀死幼虫、雏鸟和小鹿等。《荀子·王制》也谈道:“草木荣华滋硕之时，则斧斤不入山林，不夭其生，不绝其长也；鼋鼍、鱼鳖、鳅鳣孕别之时，罔罟、毒药不入泽。”可见，传统的中国社会是比较强调遵循自然规律的。

在古代人看来，自然是神圣的，是它创造了世间万物，是令人生畏的至高无上的存在，由此产生了原始的自然崇拜，自然中心主义也应运而生。自然中心主义的观念决定了人类只能服从自然，从而有效地遏制了人类对于自然的任意践踏。正如马克思所说:“自然界起初是作为一种完全异己的、有无限威力的和不可制服的力量与人们对立的，人们同自然界的关系完全像动物同自然界的关系一样，人们就像牲畜一样服从自然界的权力。”因此，人类只能去依赖、屈从、顺应自然，人类通过崇拜、敬畏自然，消解人与自然的矛盾，维持着原始的人与自然的和谐。从远古时代开始，人类就这样与自然相互依存共同发展着，大自然慷慨地养育了人类，人类也用自己的智慧改变着自然，美化着自然。然而，进入近代以后，随着现代科技的发展，自然中心主义开始受到人类中心主义的强力挑战，人类与自然的这种相互依存的关系开始被破坏，二者之间的不和谐的音符开始出现。

（二）人类轻视自然的盛行

到了近代，人们对自然的理解随着自身能力的提高发生了重大的改变，自然从广义上看是包括人类社会在内的由各种物质运动形式和存在形式所构成的宇宙世界，狭义上则是指与人类社会相区别的物质世界。自然被区分成了两个部分：天然自然和人化自然。到了近代特别是第三次科技革命之后，科学技术突飞猛进的发展使人们的思想意识和对待自然的态度有了很大的变化，很多人错误地认为科技的发展可以使人类无所不能，进而可以对自然为所欲为，自然应该成为可以供人类任意施为的存在物。这种傲慢心理的存在和经济的飞速发展使得人们开始不顾一切地从自然大肆攫取资源，导致了严重的环境污染和生态破坏。现代人在用知识武装了自己的头脑之后，把敬畏自然的理念抛到了脑后，随着人对自然态度的变化，人与自然的关系也从基本和谐变为对立和冲突。黑格尔最先从认识论的角度提出"人化自然"的观点，认为人把自己的意志贯彻到外在世界的时候，自然事物才达到一种较大的完整性。因此，人把环境人化了，人化的环境就是人化的自然。以笛卡儿、牛顿为代表的科学主义者甚至认为，自然就是一部可以拆卸的机器，拆卸之后还可以再组装回去。但是，自然是一个有生命的机体，拆卸之后就无法恢复了。生命的成长是不可逆的。人与自然的关系也由过去的人为奴—自然为主的关系变为人为主—自然为奴的关系，人类中心主义的观念成为近现代人的基本价值理念。

在这种观念的指导下，人类不再敬畏自然。不再遵循自然发展的规律而生活，而是大规模地对自然资源进行无节制的掠夺和攫取，大自然不断的承受越来越大的人口与资源的压力。在人类的伤害超过了自然能够承受的极限后，自然就会用自己的方式报复人类。比如，水资源的过度开采让许多江河不堪重负，有的江河已经枯竭；过度开采地下水形成地下空洞，造成陆地下沉；过度放牧使草原面积持续缩减，沙化面积不断扩大；过量的排放已经使极地的臭氧空洞越来越大，全球变暖，冰川融化，海平面上升，灾害天气成倍增长……总之，地球的整体生态平衡遭到严重破坏，人类生存环境日益恶化，人与自然的矛盾日趋加深，到20世纪中期，全球性生态危机凸显。人类对赖以生存的自然环境的伤害，就是一种对自然不友善的表现。环境的承受能力和自净能力都是有限的，人们为了自身生存之便，肆意糟蹋环境，人类对自然日积月累的破坏最终会反作用于人类自身。大自然是人类的家园，人类社会与环境有着密切的关系，一方面，人类的生存和发展要占据一定空间，并从环境中获得物质和能量；另一方面，人类的新陈代谢和消费活动的产物要排放到环境中。善待自然、顺应自然的规律，保持与自然的和谐，是今天我们必须要做的事情。

（三）人类关爱自然观念的觉悟

广义地说，环境是指围绕着人群的空间及其中可以影响人类生产、生活和发展的各种自然因素、社会因素的总和。通常，可以按照环境的主题、范围、对象等进行分类。按照环境主题来分，环境就是人类赖以生存的空间，其他生命体和非生命体则可看作环境的对象。按照环境的范围来分，则可分为空间环境、生活区环境、城市环境、乡村环境、区域环境、全球环境和宇宙环境等。按照环境对象分，可把环境分为自然环境和社会环境两类。环境法规往往把应当保护的环境要素或对象称为环境。我国《环境保护法》明确指出："本法所称环境，是指影响人类生存和发展的各种天然的和经过人工改造的自然因素的总体，包括大气、水、海洋、土地、矿藏、森林、草原、湿地、野生生物、自然遗迹、人文遗迹、自然保护区、风景名胜区、城市和乡村等。"所谓环境保护，就是采取行政的、法律的、经济的、科学技术的多方面的措施，合理利用资源，防止环境污染，保持生态平衡，保障人类社会健康地发展，使环境更好地适应人类的劳动。作为地球上的成员，人类和自然理应相互依存，相互配合，人类理应以更加爱护之心对待自身生存和发展的基础——自然环境。

自然环境是人类社会赖以生存发展的重要物质基础，人类对自然环境的友善是建构全社会友善和谐关系的重要物质基础。自然界可以为人类提供各种资源，但很多资源是不可再生的，比如矿产资源等。即便是一部分可以再生的资源，比如粮食、能源等，它们的再生或者要受自然条件的限制或者再生时间比较长，因此，自然界在特定历史阶段能向人类提供的生产、生活资料和舒适的生活、休闲空间是一定的。也就是说，人类要想保证自身的持续性发展必须首先保证自然生态环境系统的持续性，实现人类社会系统和自然生态系统的协调发展与和谐共处。要实现这一目标，人类就要以友善之心尊重自然、关爱自然，实现人与自然的和谐。无限制的掠夺自然，会造成资源的枯竭，森林的破坏和减少，土地的退化、荒漠化和沙漠化，水资源污染，最终导致人类生产和生活环境的恶化。友善是相互的，当人类对自然的破坏达到自然所能承受的极限时，自然也就不会再以广阔的胸襟为人类服务，自然的报复会使地球不再适合人类生存，人与人、人与社会的和谐也就无从谈起，构建社会主义和谐社会更无从谈起。

进入 21 世纪，越来越多的人开始关注生态危机。反思人与自然的关系，生态自然的观念逐渐成为世界各国的共识。虽然直到今天，人与自然的关系仍然处于某种紧张之中，现代性的各种危机仍未消除，《京都议定书》协议达成的艰难充分表明解决全球生态危机仍然障碍重重，但人与自然的本质统一与和谐共进已经成为人类追求的共同理想和目标。要实现这一共同理想和目标，就要在人类自身发展的过程中坚持善待自然，这就要求我们确立科学的发展观念来指导自己的发展实践。所谓观念就是人类支配行为的主观意识，观念的产生与所处的客观环境关系密切，正确的观念就是人的大脑对客观环境的正确反映。人类的行为都是受行为执行者的观念支配的，观念正确与否直接影响行为的结果。所谓人类的发展观念就是关于发展的本质、目的、内涵和要求的总体看法和基本观点。有什么样的发展观，就有什么样的发展道路、发展模式、发展战略和发展结果。二战结束后的近 70 年里，人们对发展实践的理解与反映随着人类对自然环境认识的发展而不断发展变化着，不同历史时期、不同历史阶段形成了不同的发展理念。

二战以后，整个世界都面临着战后重建和发展的任务，无论是战胜国集团还是战败国阵营，尤其是伴随民族解放运动而兴起的亚非拉独立国家都急于摆脱战争带来的经济颓势，致力于消除贫困。这一时期人们对发展问题的认识无论是罗斯托的“现代化理论”、刘易斯的“二元经济结构论”，还是纳克斯的“贫困的恶性循环理论”等都主要强调经济指标的增长，认为国民生产总值及人均国民收入的增长是评判发展的首要标准。那时的人们对自然是漠视的，自然沦为了改善战后世界经济社会萧条局面的工具，当时人们将“发展”简单地等同于“增长”的认识在给各国带来短期物质财富激增效果的同时也带来了包括自然环境被恶性破坏等严重的消极后果。这一时期，许多国家的资源浪费、环境破坏现象十分严重。社会发展呈现出有增长而无发展的尴尬局面，人类忽视了善待、爱护自然界的责任和义务，人与自然的关系开始恶化。

20 世纪 60 年代末以后，各国发展理论研究者在对“发展＝增长”的发展观进行反思与扬弃的基础上形成了一种新的发展观：以瑞典发展经济学家缪尔达尔和美国发展经济学家托达罗等人为代表的持全面发展观点的学者们认为人类的发展不仅指经济的增长，还应包括政治、文化、教育等领域的目标。缪尔达尔认为，发展不只是 GNP 的增长，而应该包括整个经济、文化社会发展过程的上升运动，可见，自 20 世纪 70 年代以来人们关于发展的观念已开始从单纯的经济增长过渡到包括整个经济和社会体制的重组和重整在内的多维过程。人们逐渐认识到，对于现代社会的发展而言，经济进步是重要甚至是最基础的组成部分，但绝不应该被认为是唯一的部分，发展应是最广泛范围的、全面的进步，除了经济指标的提高外，还包括社会结构的基本变化、生态环境的改善，以及人们素质的提高。

可持续发展观是1987年由挪威首相布伦特兰在联合国世界与环境发展委员会发表的一份《我们共同的未来》的报告中被正式提出的。但人们对社会发展可持续性问题的思考则始于20世纪六七十年代人们对片面追求经济增长所带来的人口、资源、环境等问题的反思。20世纪70年代初，罗马俱乐部发表了著名的《增长的极限》研究报告，提出了一个著名的“人类困境”：“如果世界人口、工业化、污染、粮食生产以及资源消耗按照现在的增长趋势继续不变，这个星球上的经济增长就会在今后一百年内某一个时候达到极限。”可持续发展观一经提出就受到世界各国政府组织和舆论的极大重视，人们开始认识到凭借越来越先进的技术力量，以消耗资源，甚至不惜破坏环境来求得物质财富增长的经济发展模式必将最终彻底摧毁人类发展的环境基础，使人类的发展最终以短命而终结。可持续发展观是人类面临人与自然日益严峻的尖锐矛盾时对自身以往发展道路的深刻反思与理性的必然选择。1992年联合国制定了致力于实现可持续发展的行动纲领——《21世纪议程》，提出了人类社会发展和改善环境所要达到的目标，可持续发展得到全世界的普遍认同。科学技术突飞猛进。一方面，这可以使人们用更加科学理性的手段认识自然，处理人与自然的关系，范围更广，视野更宽，对自然生态环境的理解更为深刻。另一方面，技术进步对解决生态危机的作用也越来越明显。随着技术的发展和人们环保意识的增强，世界上许多国家和地区的人们已经开始有意识地选择适合人与自然和谐共生的生产和生活方式，如大力发展无污染的能源和生态农业等。可以说，科技的发展在构建合理的人与自然的关系模式中奠定了物质技术基础。关注科技，依靠科技来处理、调整人与自然的关系是生态自然观的价值主张。

（四）友善自然的践行

当前，我国经济社会发展与资源环境之间的矛盾比较突出。如果不能有效地保护生态环境，不但不能实现经济社会的可持续发展，还可能引发严重的经济社会问题。在实现中国梦的新的历史发展时期，以友善之心关爱自然，保护和改善生态环境，提高资源利用效率，这是我们总结历史经验、重新审视人与自然关系之后作出的理性选择。在新的历史时期，面对我国发展中遭遇的种种新问题和新挑战，党的十七大提出了新的发展理论——科学发展观："科学发展观，是立足社会主义初级阶段基本国情，总结我国发展实践，借鉴国外发展经验，适应新的发展要求提出来的。"党的十八大报告进一步提出"生态文明"的理念："面对资源约束趋紧、环境污染严重、生态系统退化的严峻形势，必须树立尊重自然、顺应自然、保护自然的生态文明理念，把生态文明建设放在突出地位，融入经济建设、政治建设、文化建设、社会建设各方面和全过程，努力建设美丽中国，实现中华民族永续发展。"

目前，中国正以历史上最脆弱的生态环境，承受着最大的人口压力和发展压力。当今时代，人们已经不满足于有饭吃、有衣穿，人人都想要求更高、更好的发展，急剧膨胀的物欲，带来了严重的生态危机和环境破坏。在我们既要发展经济又要保护环境的状况下，在处理人与自然的关系问题时大力倡导友善美德是十分必要和及时的。人类应该尊重自然、善待自然，自觉充当维护自然稳定的调节者，从而与自然达到和谐的境界。

建设生态文明，就是要实现人与自然的协调发展，就是要在善待自然、关爱自然的理念指导下建设社会主义的生态文明。我们所说的生态文明有广义和狭义之分，狭义的生态文明把生态文明视为四种文明（物质文明、精神文明、政治文明、生态文明）之一，把生态文明当作一个很重要的领域来建设。广义的生态文明将生态文明当作工业文明之后人类文明发展的一个新阶段。建设生态文明的方法和途径当然很多。倡导公民关爱自然，发扬友善自然的传统，选择绿色的生活方式就是一种具体而现实的途径。

延伸阅读

布查特花园

19 世纪末，在北美工业革命的萌发地，从事干货买卖的安大略人罗伯特·皮姆·布查特，被加拿大西海岸富有的生产水泥的重要原材料石灰石所吸引。因为他看到了工业的发展离不开水泥，生产水泥的利润肯定比卖干货好。1888 年，他在温哥华孤独的海湾上建造了一座水泥厂，开始生产“波特兰”牌水泥。1904 年，他干脆把家也搬到了海湾，建立了一个新家。水泥的销路非常好，没过几年，布查特家附近石场的石灰石就被开采完了，留下的是一个荒凉阴冷、不长草木的矿坑。不难想象，开采石灰石，又生产水泥，这个地方的自然环境遭受了严重破坏。面对房子周围已被破坏的自然环境，布查特的妻子詹妮总觉得这样不行，不能把环境破坏了就不管。詹妮是一个富有想象力的女人，她大胆构思了一个整修利用被废弃矿坑的崭新计划，即把采石场变成开满鲜花的花园。说干就干，詹妮从附近的农田征用了大量肥沃的土壤，用马车运到矿坑里。一年过去了，在詹妮的管理下，废弃了的采石场出现了鲜花，再后来，整个矿坑开满了鲜花。这就是最初的花园，也就是现在花园四个区之一，叫“新境花园”。布查特先生对妻子非凡的工作引以为豪，他也加入了改造被废弃矿坑的行列。布查特太太的园艺名望很快传到各地，到 1920 年，超过 50 000 人前来参观她的杰作。望着众多的游人，好客的布查特夫妇用同一种手势欢迎来自各地的来宾。于是，游客们给这个花园起了个名："Benvenuto"——意大利语，意为"欢迎"。1916 年，布查特的水泥厂停止生产水泥，一直到 1950 年，工厂继续生产瓷砖和花盆。此后，海湾水泥厂不复存在，唯一幸存下来的只有一座高高的窑炉烟囱，直到现在，俯视着被布查特太太奇迹般回收利用的采石场花园。今天的布查特花园已成为园艺艺术领域中的一枝奇葩，是世界著名的第二大花园。

要做到善待自然，必须学会尊重自然。尊重自然是处理人与自然关系的前提。自从人类诞生以来，在大部分时间里，人类都是作为"自然之子"而存在的，无时无刻不在享受着大自然的恩惠，离开大自然，人类哪怕一天也不可能生存下去，因此，人类的存在和发展依赖于自然生态系统的支撑。这是我们善待自然、尊重自然的根本原因。当然，尊重自然并不意味着人类必须做自然的奴隶，任由自然驱使，或者意味着人类不能利用自然、开发自然，而是要求我们必须不断反思对待自然的态度，用友善的态度来处理人与自然的关系，自觉维护自然界的生态平衡与和谐，从而实现人与自然的共生共存。

要做到善待自然，必须顺应自然，按照自然规律办事。人类为了自身的生存，必须不断地开发和利用自然。所谓"发展是硬道理"就是这个意思，人类不可能为了保护和善待自然而停止发展，那是因噎废食，不是我们对待自然的科学态度。但是，任何发展都不能超越自然本身的承载能力，必须按照人口资源环境相均衡、经济社会生态效益相统一的原则，做到适度开发自然，给自然留下休养生息的时间和空间。党的十一届三中全会以来，我国坚持以经济建设为中心的发展战略，实现了经济的巨大腾飞。但在这个过程中，也出现了以破坏生态环境为代价来换取经济效益的现象，造成了严重的生态问题。习近平总书记指出："我们在生态环境方面欠账太多了，如果不从现在起就把这项工作紧紧抓起来，将来付出更大的代价。”实践证明，在破坏环境的基础上搞经济建设是“竭泽而渔”，我们必须意识到生态环境也是生产力的重要因素。因此，善待自然，要求我们必须认识自然规律，按照自然规律办事。在科学认识和尊重自然规律的基础上，实现人与自然关系的和谐。

经典论述

要正确处理好经济发展同生态环境保护的关系，牢固树立保护生态环境就是保护生产力、改善生态环境就是发展生产力的理念。

——习近平

我们既要绿水青山，也要金山银山。宁要绿水青山，不要金山银山，而且绿水青山就是金山银山。

——习近平

要做到善待自然，我们必须增强全民族的环境保护意识，在全社会形成保护环境、善待环境的良好风气。让人们意识到我们生存空间的有限性、资源的稀缺性，为了实现中华民族的伟大复兴，我们每个人都必须养成善待自然的习惯，实现自然资源的良性循环和永续利用。

要做到善待自然，我们还必须实行最严格的制度、最严密的法治，为生态文明提供可靠保障。要实现生态文明，仅靠宣传和教育是不够的，生态危机已经成为当代中国社会的严峻现实，环境问题已经严重制约了我国经济社会发展，解决生态问题已经迫在眉睫。因此，必须以法律为底线，任何人、任何组织都不能触碰和突破这个底线。只有这样，我们才能真正实现善待自然，实现中华民族的伟大复兴。

经典论述

只有实行最严格的制度、最严密的法治，才能为生态文明建设提供可靠保障。要建立责任追究制度，对那些不顾生态环境盲目决策、造成严重后果的人，必须追究其责任，而且应该终身追究。

——习近平

图书在版编目（CIP）数据

社会主义核心价值观·关键词．友善/韩震总主编；李荣，冯芸编著．—北京：中国人民大学出版社，2015.4
ISBN 978-7-300-21046-9

Ⅰ.①社… Ⅱ.①韩…②李…③冯… Ⅲ.①社会主义建设-价值论-中国 Ⅳ.①D616

中国版本图书馆 CIP 数据核字（2015）第 067722 号

社会主义核心价值观·关键词
总主编 韩 震
友 善
李 荣 冯 芸 编著
Youshan

出版发行	中国人民大学出版社		
社　　址	北京中关村大街 31 号	**邮政编码**	100080
电　　话	010－62511242（总编室）		010－62511770（质管部）
	010－82501766（邮购部）		010－62514148（门市部）
	010－62515195（发行公司）		010－62515275（盗版举报）
网　　址	http://www.crup.com.cn		
经　　销	新华书店		
印　　刷	天津画中画印刷有限公司		
规　　格	160 mm×235 mm 16 开本	**版　　次**	2015 年 5 月第 1 版
印　　张	6.25	**印　　次**	2022 年 12 月第 5 次印刷
字　　数	68 000	**定　　价**	14.00 元